하버마스 입문

하버마스 입문

제임스 고든 핀레이슨 지음 • 서요련 옮김

HABERMAS

JAMES GORDON FINLAYSON

P 필로소픽

HABERMAS
C · O · N · T · E · N · T · S

| 일러두기 |

본문의 각주는 모두 옮긴이의 주석이다.

서문
위르겐 하버마스는 누구인가?

위르겐 하버마스Jürgen Habermas는 제2차 세계대전 후에 가장 중요하고 널리 읽히는 사회이론가 중 한 명이다. 하버마스의 이론적 저술은 인문학과 사회과학의 수많은 분야에서 영향력이 크다. 사회학, 철학, 정치학, 법이론, 문화 연구, 영어권·독어권·유럽권 연구를 수행하는 학생들은 틀림없이 언젠가는 하버마스라는 이름을 보게 될 것이다. 하버마스의 연구가 그토록 광범위한 영향력을 발휘하는 이유는 여러 가지다. 먼저 하버마스는 학제적 이론가다. 하버마스가 인용하는 문헌의 폭은 그야말로 엄청나다. 사회학자 막스 베버(1864-1920)는 자신의 협소한 전문 영역 바깥을 탐험하는 법이 없는 학자를 '영혼 없는 전문가'라 일컬었는데, 하버마스는 이런 전문가의 대척점에 있다. 하버마스의 연구가 대다수 학자와 학생이 머무는 분과의 경계를 넘나드는 까닭에, 대부분의 독자는 그 한 측면을 접하는 데 그치곤 했다. 게다가 하버마스는 근 50년간 저술 활동을 하며 방대한 연구 성과를 남겼다. 하버마스는 사회이론가 및 정치이론가일 뿐만 아니라 오늘날 유럽에서 가장 중요한 공적 지식인 가운데 하나이며, 독일 민주 좌파의 원로이자 격려자로 활동하고 있다. 그리고 자신의 철학적 신조를 고수하되 학자가 아닌 시민의 자격으로 독일과 유럽의 공론장에서 벌어지는 문화적·도덕적· 정치적 쟁점 전반에 빈번하게 비판적 개입을 하고 있다.

나는 이 책의 두께를 얇게 하려고 하버마스의 삶을 소략하게만 말했다. 하버마스의 삶이 흥미롭지 않아서는 아니다. 물론 학자의 삶이 멋진 전기가 되는 경우가 드물긴 하지만, 학자에게는 생애보다 연구가 더 중요하다는 것이 나의 신념이기 때문이다. 마르틴 하이데거는 철학자 아리스토텔레스를 두고 '아리스토텔레스는 이때쯤 태어나 연구하고 이쯤에서 죽었다'고 평한 바 있는데, 하버마스의 생애가 그렇게 말할 정도는 아니다. 하버마스의 연구는 인생에서 경험한 중대한 역사적 사건의 영향을 받고 그 동기를 형성했다. 특히 1945년 제2차 세계대전의 종전, 독일연방공화국의 경제적·사회적 재건, 냉전, 1968년 학생운동, 1989년 베를린 장벽의 붕괴와 소련의 몰락이 그렇다.

1929년 뒤셀도르프에서 태어난 하버마스는 나치 체제를 적극적으로 지지하지는 않았어도 그 체제에 무비판적으로 순응한 독일의 중산층 가정에서 자랐다. 처음으로 하버마스가 자기만의 정치적 견해를 형성한 것은 열여섯 살인 1945년이었다. 전쟁이 끝날 무렵, 하버마스는 독일의 여느 동년배 청소년들처럼 히틀러유겐트에 가입했다. 전후에 하버마스는 홀로코스트 다큐멘터리 영화와 뉘른베르크 재판 진행 과정을 보고는, 아우슈비츠의 경악스러운 현실과 나치 시기의 집단적인 도덕적 재앙이

갈 데까지 가는 모습에 눈을 떴다.

청년 하버마스는 괴팅겐, 취리히, 본에서 철학을 공부했다. 1949~1953년, 급진주의자가 아니었던 하버마스는 하이데거 연구에 몰두했지만 곧 환멸을 느꼈다. 하이데거가 나치에 복역하고 공공연한 지지를 표명한 사실보다도 그 후에 책임을 회피하는 모습과 자기 행위를 뉘우치지 않고 그저 지나간 일로 치부하는 모습 때문이었다. 1949년 독일연방공화국은 보수주의자 콘라트 아데나워Konrad Adenauer를 필두로 첫 내각을 수립한다. 청년 하버마스는 하이데거에게 희망찬 열광을 품었으나 이내 실망감과 배신감을 느꼈는데, 이와 같은 하버마스와 하이데거의 관계는 말하자면 하버마스가 아데나워 내각과 맺은 관계의 증후였다. 하버마스에게 아데나워 내각은 과거에 대한 집단적·고의적 부정이자 과거와의 단절을 대변하는 것으로 보였다.

1954년 하버마스는 독일 관념론 철학자 프리드리히 셸링을 주제로 한 논문으로 박사학위를 받는다. 이후 헤르베르트 마르쿠제와 초기 카를 마르크스 연구로 눈을 돌렸고, 2년 후에는 프랑크푸르트 사회조사연구소에서 테오도르 W. 아도르노의 수석 연구 조교가 된다. 하버마스는 스승인 아도르노와 막스 호르크하이머가 프랑크푸르트에서 겪은 경험에 감명받았다. 말하자면 이들이 독일계 유대인으로서 독일적 전통에 애증 섞인 소속감을 느낀 경험에 마음이 움직인 것이다. 두 스승은 하버마스에게 자신이 속한 독일적 전통과 비판적 거리를 두면서도 그 전통을 따르는 방법을 가르쳐주었다. 덕분에 하버마스가 말하듯이 '이미 한번 기만당한 자의 회의주의와 명민함을 발휘하는 자기비판 정신에 따라 전통을 계승'할 수 있었던 것이다. 이 시기에 하버마스의 연구는 점차 급진화되어 마르크스에 더욱 동조하게 되었다. 이는 연구소장인 호르크하이머의 성향에서 너무 엇나간 것이었고, 호르크하이머는 하버마스의 솔직한 마르크스주의적 입장에 이의를 제기하며 연구소를 떠나도록 종용했다. 1958년 하버마스는 프랑크푸르트를 떠나 마르부르크대학교로 갔고 1961년에 교수자격을 얻는다.[1] 그 후 하이델베르크대학교 철학과 교수가 되며, 1964년에는 프랑크푸르트대학교로 돌아가 철학 및 사회학 교수 자리를 얻는다. 이 정치적 격동기 동안 하버마스는 한때 대체로 동조한 급진주의자 학생들과 사이가 틀어진 것으로 유명한데, 일체의 권위와 대치하는 급진주의자 학생들의 방식에 '좌파 파시즘'이라는 자극적인 딱지를 붙였기 때문이다. 하버마스는 1971~1983년에 슈타른베르크 소재 막스 플랑크 연구소장을 역임하고, 1983년에는 프랑크푸르트대학교 철학과로 돌아와 강의를 맡아 선도적 사회이론가이자 서독 민주 좌파의 저명한 대변자로서 명성을 쌓는다.

하버마스는 1989년 11월 베를린 장벽이 무너지고 그 여파로 독일이 통일되는 모습을 직접 목격했고, 당시 통일 과정에 극도

---

1 여기서 교수자격이란 하빌리타치온Habilitation을 말한다. 독일어권 국가에서는 박사학위논문과 함께 교수자격을 얻기 위해 그에 준하는 논문을 한 편 더 써야 한다. 하버마스의 교수자격 논문은 나중에 단행본으로 출간되는데, 바로 『공론장의 구조변동』이다.

로 비판적인 쪽에 속했다. 1990년대 초에는 미국 정치철학자 존 롤스(1921-2002)의 연구, 특히 자유주의 관점과 미국의 입헌민주주의 전통에 더 많은 관심을 보이게 된다. 좌파 진영에 속한 비판자들은 하버마스의 이력을 마르크스주의적 자본주의 비판자로 출발해서 미국의 자유민주주의 옹호자로 끝나는 캐리커처로 묘사하곤 한다. 이런 묘사는 겉보기에는 그럴듯해도 단순하기 짝이 없을뿐더러 하버마스가 정치적·지적 충성을 바치는 대상의 복합성을 파악하지 못하는 무능력에서 나온 것이다. 하버마스는 마르크스주의의 비판자들만큼 마르크스주의에 비판적이었으며, 늘 자본주의와 자유주의에 중대한 의혹을 제기해왔다. 물론 하버마스는 서구 민주주의 전통을 성공적으로 수용했다는 점을 서독의 가장 위대한 문화적 성취로 인정한다. 비록 자신이 속한 정치문화를 '그릇되게 계승하지 않는' 방법을 택한 결과, 서구 민주주의 전통의 가치를 인정하는 데 다소 소극적이더라도 말이다. 바로 이런 이유로 독일 사회학자 랄프 다렌도르프Ralph Dahrendorf는 하버마스에게 어떤 아이러니가 섞인 투로 '아데나워의 진정한 손자'라는 별명까지 붙였다(BR, 88-89). 이 모든 복잡성에도, 그리고 지난 50년간 지적·정치적 분위기의 심대한 변화에도, 하버마스의 지적·정치적 비전은 괄복할 만큼 연속적이다.

지금까지 하버마스가 독일에 품은 애증, 그리고 민족주의에 제기하는 끈질긴 우려를 살펴보고, 그 심리적 동기와 인생사적 기원을 간략히 설명했다. 그러나 하버마스의 연구에 있는 이런 측면들을 사적인 것으로 받아들이려는 유혹에 빠져서는 안 된다. 우리는 최근 독일의 역사 및 정치에 내재한 복잡성과 긴장이 여전한 현실이라는 점을 잊기 쉽다. 이 점을 생생하게 느끼려면 베를린 하원의사당의 투명 돔에 방문하여, 브란덴부르크 문과 새로 지은 홀로코스트 기념비를 관망한 후, 다시 의사당 회의실을 내려다보면 된다.

하버마스의 이론보다 이러한 복잡성과 긴장을 훌륭하게 포착하여 그 이점을 활용할 수 있는 사회이론과 정치이론은 없다. 하버마스의 세계시민주의, EU 지지, 민족주의 불신과 헌법적 애국주의 옹호, 도덕적 보편주의 모두 이 복잡성과 긴장에 뿌리를 둔다. 말하자면 하버마스 철학은 철저하게 독일적이면서도 편협한 지역주의로 전혀 기울지 않는 셈이다.

하버마스는 1994년 프랑크푸르트대학교 교수직에서 은퇴한 이래 슈타른베르크에서 저술을 이어가며 미국에서는 비전임으로 강의하고 있다. 또 여전히 정기적으로 책을 내면서 정치비평가이자 문화비평가로 활발하게 활동하고 있고, 최근에는 생명윤리, 유전자 기술, 이라크, 테러리즘, 세계시민주의, 9·11 테러 이후 미국의 이민 정책에 이르는 다양한 주제로 글을 썼다.

이 책은 1980년 이후의 연구로 나온 하버마스의 원숙한 이론을 논의하는 데 대부분의 분량을 할애한다. 나는 하버마스가 간간이 기고한 정치비평은 많이 다루지 않았다. 여기서 하버마스의 공적 지식인으로서의 삶과 학자로서의 경력이 갖는 상대적 중요성을 은근히 저울질하고 있지는 않다. 단지 그의 이론이, 전문 지식이 없는 독자를 상정하여 그 자체로 이해할 수 있는 그의 정치비평·문화비평보다 훨씬 난해하기 때문이다.

하버마스는 대단히 독일적인, 그래서 요즘에는 별로 인기 없는 방식을 취하는 거대 이론의 공급자다. 그는 근대 사회의 성질과 문제점, 근대 사회 내에서 언어, 도덕, 윤리, 정치, 법의 자리를 주제로 한 큼직한 물음을 던진다. 하버마스가 내놓는 답은 복잡하고 폭넓다. 이는 그 답이 그가 지닌 여러 상이한 분과 학문의 지식을 공들여 조합한 산물이기 때문이다. 심지어 주요 저술은 경악할 만큼 길고 전문적이기까지 하다. 하버마스의 저술은 초심자를 염두에 둔 글이 아니기에 처음 읽으면 좌절하기 쉽다. 하버마스는 큰 그림에 집중하면서 세부 사항을 채우는 일은 동료와 제자에게 후속 과제로 던져주곤 한다. 동시에 비판자들과 끊임없이 대화하며, 대응 과정에서 자기 생각을 재고하기 일쑤다. 그에 따른 미세 조정이 함축하는 바가 불분명할 때도 있다. 이 모든 이유로 인해 독자가 큰 그림을 이해하지 못하고 이론의 중심부와 주변부를 구별할 줄 모르면 길을 잃기 쉽다. 이 책의 한 가지 목적은 하버마스의 연구에 흩어져 있는 다양한 조각이 전체 프로젝트의 맥락에서 제자리를 찾도록 큰 그림을 보여주는 것이다. 이 목적을 달성하기 위해 하버마스의 원숙한 연구 전체를 그리는 개요를 제시하며 시작하겠다. 이는 다섯 가지 연구 프로그램으로 나뉜다.

1. 화용론적 의미 이론

2. 의사소통적 합리성 이론

3. 사회이론 프로그램

4. 논증대화윤리 프로그램

5. 민주주의 이론, 법이론, 혹은 정치이론 프로그램

비교적 독립적인 각 프로그램은 서로 구별되는 지식 영역에 공헌하고 있다. 하지만 각 프로그램은 나머지 프로그램과 얼마간 체계적 관계를 이룬다.

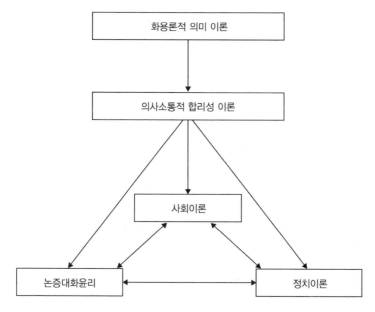

[표 1] 하버마스의 연구 프로그램 개요

하버마스의 화용론적 의미 이론은 의사소통적 합리성 이론과 결합하여 사회이론, 윤리이론, 정치이론을 지도하는 개념을 제공한다. 다음으로 사회이론, 윤리이론, 정치이론 연구 프로그램은 서로를 지지해준다. 내가 각각을 연구 프로그램이라 부르는 이유는 현재도 진행 중인 논의이기 때문이다. 각 프로그램은 상이한 분과에서 유래하는 통찰을 조합하여 상이한 일련의 물음에 답한다. 부록에 각 프로그램의 짤막한 개요를 정리해놓았다. 이제 다음 장부터 하버마스의 구상 순서대로 각 프로그램의 대강을 살펴볼 차례다.

AS   *Autonomy and Solidarity: Interviews with Jürgen Haber- mas*, ed. P. Dews, revised and enlarged edn. (London: Verso, 1992)

BFN   *Between Facts and Norms*, tr. William Rehg(Cambridge: Polity Press in association with Blackwell, 1996)

BR   *A Berlin Republic: Writings on Germany*, tr. S. Rendall (Lincoln: University of Nebraska Press, 1997)

CES   *Communication and the Evolution of Society*, tr. Thomas McCarthy(London: Heinemann Educational Books, 1979)

DEA   *Die Einbeziehung des Anderen*(Frankfurt: Suhrkamp, 1996)

DMUP   *Die Moderne –Ein Unvollendetes Projekt*(Leipzig: Suhrkamp, 1992)

JA   *Justification and Application*(Cambridge: Polity Press, 1993)

MCCA *Moral Consciousness and Communicative Action* (Cambridge: Polity Press, 1990)

NR *Die Nachholende Revolution*(Frankfurt: Suhrkamp, 1990)

OPC *On the Pragmatics of Communication*, ed. Maeve Cooke(Cambridge: Polity Press, 1998)

PDM *The Philosophical Discourse of Modernity: Twelve Lectures*, tr. F. Lawrence(Cambridge: Polity Press, 1987)

RR *Religion and Rationality: Essays on Reason, God and Modernity*(Cambridge: Polity Press, 2002)

TCA 1 *The Theory of Communicative Action*, vol. 1(Cambridge: Polity Press, 1984)

TCA 2 *The Theory of Communicative Action*, vol. 2(Cambridge: Polity Press, 1987)

TIO *The Inclusion of the Other*, tr. C. Cronin and P. De Greiff(Cambridge: Polity Press, 1998)

TPF *The Past as Future: Jürgen Habermas Interviewed by Michael Haller*, tr. Max Pensky(Cambridge: Polity Press, 1994)

YAGI 'Yet Again German Identity: A Unified Nation of Angry DM-Burghers?' in *New German Critique*, 52, Winter (1991): 84 – 101.

1장

하버마스와
프랑크푸르트학파 비판이론

프랑크푸르트학파

영어권에서 하버마스의 이름을 널리 알린 것은 『의사소통행위이론』, 논증대화윤리를 주제로 한 다양한 논문, 『사실성과 타당성』, 그 외에 자신의 사회이론, 도덕이론, 정치이론을 심화한 저술들이다. 또한 대표적인 프랑크푸르트학파 2세대 이론가로 유명한 하버마스의 연구는 프랑크푸르트학파 1세대 비판이론에 대한 지속적인 응답의 결실로 볼 때 가장 잘 이해할 수 있다.

　주지하다시피 프랑크푸르트 '학파'는 민간기금으로 설립된 프랑크푸르트 소재 사회조사연구소에서 제2차 세계대전을 전후로 활동한 철학자, 사회학자, 사회심리학자, 문화비평가 집단이다. 이 사상가들은 연구소의 『사회조사학술지』에 저술을 발표했으며, 느슨한 수준의 공통 패러다임을 공유하는 연구를 수행했다. 즉 이 사상가들은 동일한 추정을 공유하고 유사한 물음을 던졌을 뿐만 아니라 모두 게오르크 W. F. 헤겔(1770-1831)과 카를 마르크스(1818-1883)의 변증법 철학에 영향을 받았다. 이들이 연구한 근대 독일의 변증법 철학 전통은 흔히 헤겔-마르크스주의로 불렸는데, 결코 당대의 주류 사조는 아니었다. 말하자면 이들은 유럽의 신칸트주의 전통과 영어권·오스트리아의 논리 경험주의 전통이라는 주류를 거부하는 지적 소수자였다. 이 설명은 회고적 관점에서 '프랑크푸르트학파'와 그 이론을 적절하게 이해하는 방식이라 할 수 있다.

연구소장을 맡은 막스 호르크하이머(1895-1973)는 1930년대에 '비판이론'의 패러다임을 주도적으로 발전시켰다. 호르크하이머의 관점에서 비판이론은 헤겔과 마르크스의 변증법 철학을 보완하고 변형하는 참신한 학제적 이론 활동을 지향하는데, 이를 위해 독일 사회학 및 인류학과 프리드리히 니체(1844-1900) 및 아르투어 쇼펜하우어(1788-1860) 같은 비주류 철학자의 통찰을 얻었다. 그 결과로 나온 접근은 학제적이고, 반성적이고, 변증법적이고, 비판적이라는 네 가지 주요 특징이 있다.

프랑크푸르트학파는 무엇보다도 다양한 관점과 분과에서 도덕, 종교, 과학, 이성, 합리성의 문제에 접근한다. 점점 전문화되는 협소한 학문 영역 내에서 연구하면 놓치기 쉬운 통찰을, 상이한 분과를 결합함으로써 포착할 수 있으리라 믿었다. 이런 이유로 프랑크푸르트학파는 자연과학의 경험적 접근만이 타당한 접근이라는 당대에 널리 퍼진 가정에 도전한 것이다.

호르크하이머는 '전통이론'이 수학·형식논리학·자연과학을 비롯한 거의 모든 것을 포함한다고 보는데, 이런 '전통이론'과 달리 **비판이론**은 반성적 혹은 내재적으로 자기 인식적이다. 비판이론은 그 이론이 탄생한 사회적 맥락, 그 사회 내에서 하는 이론의 기능, 이론을 실천하는 사람들의 목적과 이해관심 등을 반성했다. 이런 반성은 이론 자체에 내장된 것이었다.

비판이론의 반성성과 학제성이 함께 작용한 결과, 프랑크푸르트학파 이론가들은 (자연과학 같은) 전통이론을 괴롭히는 이른바 '실증주의적' 환상을 폭로하게 된다. 즉 전통이론이 독립적 사실의 영역을 거울처럼 정확하게 재현한다는 환상을 깨부순 것이다.

이처럼 지식을 바라보는 이원론적 구도에서는 사실이란 고정되고 주어진 것이며 수정 불가능하고 이론과 독립적이라는 믿음을 맹신하기 쉽다. 비판이론가들은 보다 헤겔적인 변증법적 지식관을 옹호하면서 이런 구도를 거부했다. 이 지식관에 따르면 사실과 우리의 이론은 끊임없는 역동적인 역사적 과정, 즉 우리가 세계를 (이론적으로든 다른 식으로든) 바라보는 방식과 세계의 실제 모습이 상호 결정하는 과정의 일부다.

마지막으로 호르크하이머는 비판이론이 **비판적**이어야 한다고 역설한다. 이 요구는 몇 가지 다른 주장으로 구성된다. 개괄적으로 보면 이 요구는 이론의 과제가 실천적이어야 하지, 단지 이론으로만 그쳐서는 안 된다는 것을 의미한다. 즉 이론의 목표는 올바른 이해를 도모하는 것만이 아니라 지금보다 인간 번영에 더 도움이 되는 사회정치적 조건을 마련하는 것이어야 한다.

구체적으로 말하면 이 요구는 이론이 진단과 처방이라는 두 가지 서로 다른 유형의 규범적 목표가 있음을 뜻한다. 이론의 목적은 현존하는 현대 사회의 **문제점**을 밝히는 데 그치지 않으며, 나아가 그 사회에 내재한 진보적 측면과 경향을 규명함으로써 더 나은 사회로 변혁하는 데 있다.

대부분이 유대계인 프랑크푸르트학파의 구성원들은 나치가 지배하는 정치 상황 때문에 계속 활동할 수 없자 임시로 연구소 자리를 옮겼다. 제네바를 거쳐 미국으로 건너간 이들은 거기서 생경한 사회적 현상을 처음으로 접한다. 산업 자본주의와 대량 생산이라는 포드주의 모델Fordist Model에 사로잡힌 소비 사회를 목도한 것이다. 이들에게 특히나 인상 깊었던 것은 할리우드의 거대 영화사, 방송 미디어, 출판사가 문화를 산업화하는 모습이었다. 이들 독점적 거대 기업은 교묘한 조작과 통제 술수를 부려 사람들의 근본 이익을 은밀하게 훼손하고 억압하면서도 그들이 사회 시스템을 수용하고 심지어 승인하도록 만들었다. 예를 들어 대중 관객들은 할리우드 B급 영화에서 뻔히 예상할 수 있는 해피엔딩을 보고 대리만족을 느꼈다. 관객들은 진정한 행복을 찾지 못하도록 막는 사회적 조건을 비판하는 대신, 스크린에서 본 우상의 허구적 행복을 대리 경험할 뿐이었다. 부지불식간에 문화는 현 상황을 광고하는 역할을 했다. 호르크하이머와 젊은 동료 아도르노는 이 현상을 '문화 산업culture industry'이라고 불렀다.

문화 산업은 사람들의 욕구와 욕망을 창조하고 변형하는 자본주의 사회의 광범위한 경향에서 핵심부를 형성했다. 이런 경향이 얼마나 강한가는 사람들이 실제로 자신들을 위해 제조된 싸구려를 욕망하는 강도, 더불어 충만하고 가치 있는 삶을 살기를 원치 않는 강도에 달려 있다. 프랑크푸르트학파 이론가들은 이런 현상을 분석한 결과, 이른바 거짓 화해 상태a false state of reconciliation를 만들어내는 광고 등의 도구가 주체의 의식을 조작하는 양상에 관한 통찰을 얻을 수 있었다. 거짓 화해는 사회세계가 합리적이고 변혁 불가능하며 인간의 자유와 행복을 촉진한다는, 실상과 정반대되는 믿음이 촉발하는 것이다. 한 세기 전, 판이한 상황이었던 프로이센에서 헤겔은 합리적 주체가 수용하고 승인할 수 있는 사회적, 정치적 조건에서 참된 화해에 도달했다고 논한 바 있다. 모든 점을 고려할 때 합리적 주체가 가장 근본적인 이해관심을 충족했다는 근거에서 말이다. 마르크스의 영향을 받은 프랑크푸르트학파는 20세기의 역사적 경험을 소화하여 헤겔의 낙관주의를 뒤집은 셈이다.

1949년 프랑크푸르트로 돌아온 호르크하이머는 아도르노와 함께 급진적 사회 변혁이라는 비판이론의 실천적 목표를 실현할 가능성을 더욱 비관하게 됐다. 이런 비관주의는 둘이서 공동 저술한 것으로 유명한『계몽의 변증법』에서 착수한 분석에 이론적 근거를 두었다. 1947년에 출간된 이 책은 1944년『철학적 단상』이라는 제목의 등사판으로 출간된 바 있다.

호르크하이머와 아도르노의 계몽 분석은 이어지는 비판이론의 발전을 위한 의제를 설정했다. 이들은 마르크스 역시 받아들이는 헤겔주의적 가정에서 출발한다. 이 가정에 따르면 인간은 정신적 활동과 신체적 활동을 통해 자신을 둘러싼 세계를 조형하거나 결정한다. 혹은 마르크스식으로 말하면 정신노동과 육체노동을 동원하여 그렇게 한다. 호르크하이머와 아도르노는 여기에 18세기경 도구적 합리성이 지식의 지배적 형식이 되었다는 역사적 논제를 덧붙인다. 도구적 합리성이란 주어진 목적이나 욕구를 달성하는 가장 효율적인 수단을 계산하는 것을 말한다. 계몽이 이루어지는 역사적 과정은 모든 인식의 형식 중에서도 기술적으로 활용 가능한 자연과학적 형식을 특권화한다. 호르크하이머와 아도르노에 의하면, 외적 자연을 대상으로 시험 가능한 일반화와 예측을 산출하는 자연과학은 은밀한 형태의 목적-수단 추론이다. 인간학적 관점에서 과학은 인간이 주변 환경을 지배하고 통제하는 근본적 필요를 성취하는 도구에 불과하다. 기술과 산업은 이 도구의 확장이자 응용일 뿐이다.

호르크하이머와 아도르노는 산업화·관료화된 근대 세계가 합리화 과정을 거쳐 형성되었다고 주장한다. 20세기의 사회세계는 자신이 보유한 이성 능력이 한낱 주어진 목적을 달성하는 가장 효율적인 수단을 계산하는 능력으로 쪼그라든 처지인 인간이 행위한 산물이다. 자연을 점점 더 수학화하고 대상화한 결과로 신화적·종교적 세계관은 종말을 고한다. 동시에 인간이 세계 인식에 동원하는 개념들은 특정한 역사적·사회적 여건에서 생겨난다. 호르크하이머와 아도르노는 과학과 기술, 다시 말해 도구적 합리성이 제도적 삶을 형성하는 범위가 더 커진다고 논한다. 도구적 합리성의 제도화된 형식인 사회성의 근대적 형식은 이제 도구적인 개념, 표현, 세계 사유 방식을 창출한다. 말하자면 사회성의 근대적 형식은 과학적이고 기능적이며 계산하는 사고 구조를 만들어낸다. 이어서 도구적 합리성이 지배하고 전부가 되는 악순환이 뒤따른다.

과학과 합리성이 외적 자연을 조작·통제하는 인간의 근본 욕구에 봉사하고, 따라서 지배와 정복은 합리성의 아주 가까운 친척이라는 추정은 불행한 측면이 있다. 과학과 기술만이 아니라 합리성 자체도 지배와 얽혀 있다. 호르크하이머와 아도르노에 따르면 주술과 같은 원시적 형태의 합리성조차 인간이 자연과 다른 인간을 지배하는 초기 형태다. 주술사가 주문을 외우는 목적은 자연을 통제하기 위함이며, 그들의 주술적 힘에서 사회 계급이 형성되기 때문이다.

그렇다면 장 자크 루소, 볼테르, 드니 디드로, 이마누엘 칸트 등 18세기 계몽 사상가의 주장대로 인간을 자연에서 해방하고 자유와 번영을 불러오리라 생각한 계몽의 과정 자체가, 역설적이게도 인간에게 반작용을 일으킨 것이다. 19세기에 산업화와 자본주의가 세를 떨치면서, 인간은 훨씬 만연해진 행정적 규율과 통제의 망에, 그리고 더욱 강성해진 길들일 수 없는 경제체계에 서서히 종속된다. 계몽의 과정은 자연의 일부인 인간을 해방하는 대신 가두어버린다. 경제적 풍요를 가져오는 대신 고통과 빈곤이 있을 뿐이다. 도덕적 진보를 성취하는 대신 야만, 폭력, 불관용으로 퇴행할 뿐이다. 이것이 호르크하이머와 아도르노가 수행한 사회세계의 해석과 그 문제점 진단에 영향을 준 '계몽의 변증법'이다.

청년 하버마스의 눈에는 이 보증되지 않은 비관주의로 인해 사회이론의 비판적 목표가 무뎌진 것으로 보였다. 호르크하이머와 아도르노의 진단이 옳다면, 즉 인간에게 자유와 풍요를 선사하리라 믿었던 계몽이 애초부터 부자유와 고통을 가져올 운명이라면, 비판적 사회이론은 곤경에 처할 수밖에 없다. 왜냐하면 사회이론이라는 용어에 대한 호르크하이머와 아도르노의 개괄적인 이해에 따를 때, 사회이론 자체가 계몽의 한 형식이기 때문이다. 이들이 생각하는 이론은 사회세계를 폭넓게 이해하고 실천적으로 개선하도록 이끄는 것이어야 한다. 호르크하이머와 아도르노가 『계몽의 변증법』 서문에서 인정하듯이 어떤 경우에도 계몽은 필수적인 동시에 불가능하다. 계몽이 필수적인 이유는 계몽이 없는 인류가 자기 파괴와 부자유로 달려가기 때문이고 계몽이 불가능한 이유는 오직 합리적 인간의 활동을 통해서만 계몽을 성취할 수 있지만 합리성 자체가 문제의 근원이기 때문이다. 이것이 바로 호르크하이머와 아도르노가 비판이론의 구체적인 정치적 목표에 신중함을 기할 수밖에 없게 된 **아포리아** a poria다. 그리스 단어 아포리아란 문자 그대로 '막다른 길'이라는 뜻으로, 비유적으로 '곤경'을 의미한다. 처음에 아도르노는 이론이 사회적, 정치적 또는 도덕적 해방을 이끌 수 있다고 믿었지만, 이내 그 열정이 식어 일체의 집단적인 정치적 행동이 미숙하고 자의적이며 무용하다고 생각하게 되었다. 하버마스가 스승들과 다른 점은, 이 **아포리아**가 실재한다고 생각한 스승들과 달리 하버마스는 그 아포리아가 이들의 분석에 있는 오류에서 비롯되었다고 생각한다는 점이다.

하버마스의 초기 대응

하버마스의 첫 번째 주저 『공론장의 구조변동』(1962)은 호르크하이머와 아도르노의 비판이론관에 건설적 비판으로 대응한다. 이 책은 1960년대 초 서독에서 이미 화두가 되었지만, 1993년에서야 영어로 번역되었다. 하버마스는 이 책에서 프랑크푸르트학파 1세대 비판이론의 문제점을 해결하려는 동시에 그 고유의 정신에 충실하면서 사회 병리 현상 진단의 몇몇 측면을 계승하고 있다.

『공론장의 구조변동』은 여러 방식으로 본래의 패러다임을 지지한다. 첫째, 이 책은 철학, 문학, 사회학, 역사학에서 끌어온 통찰을 결합한다는 점에서 학제적이다. 둘째, 이 책의 목표는 근대 사회의 진보적이고 합리적인 측면을 밝혀내고, 이를 근대 사회의 퇴행적이고 비합리적인 측면과 구별하는 것이다. 셋째, 일전에 호르크하이머와 아도르노처럼 하버마스도 **내재적 비판** immanent criticism의 방법을 동원한다. 이를 외적 비판과 반대되는 뜻에서 내적 비판이라고 할 수도 있다. 비판이론가들은 내재적 비판 접근이 헤겔과 마르크스에서 유래한다고 생각한다. 어떤 점에서 이 접근은 소크라테스적 논증 양식에 가까운데, 이는 논증을 목적으로 하지만 실제로는 그 논증을 지지하지 않으면서 논증의 비일관성과 허위를 지적하기 위해 대화 참여자의 입장을 취하는 것이다. 그 기원이 어떻든 비판이론가들은 사회관이나 철학적 저술 따위의 대상에 관해, 그 허위를 밝혀내기 위해 대상 고유의 용어로 비판하는 것을 목표로 삼는다. 그 대상을 초월하는 가치나 표준을 근거로 삼지 않고 말이다.

『공론장의 구조변동』은 '공론장'이라는 범주를 대상으로 한 내재적 비판이다. 여기서 공론장은 공공성, 투명성, 개방성 등을 뜻하는 독일어 단어 Öffentlichkeit를 번역한 말이다. 하버마스에 따르면 자유, 연대, 평등 같은 역사적 계몽의 이상은 공론장 개념에 내포된 것으로 내재적 비판의 표준을 제시해준다. 예를 들어 18~19세기 부르주아 사회가 그 사회에 내재한 이상에 부합하지 않는다고 비판할 수 있다. 똑같이 서독 사회를 계몽의 이상이 암시하는 포용적이고 평등하며 투명한 사회에 미치지 못한다고 비판할 수 있다. 따라서 『공론장의 구조변동』은 비판이론의 본래 패러다임이 간직한, 사회세계를 이해하고 사회 변화의 잠재력을 조명함으로써 변화를 이끈다는 이론적·실천적 열망을 고수한다.

그러니 하버마스는 사회적, 성치적, 문화적 상황에 호르크하이머와 아도르노와 사뭇 구별되는 역사적 진단을 내린다. 하버마스는 이들이 세상을 떠난 뒤에도 거의 20년 동안이나 공개적으로 비판하지 않았다. 하지만 그보다 시간이 더 흐른 뒤에는 두 사람의 합리화 설명이 너무 일면적이고 비관적일 뿐만 아니라, 계몽의 변증법 발상이 경험적·역사적 정당화와 개념적 일관성을 모두 결여하고 있다고 생각했다. 하버마스의 연구는 좀 더 미묘하고 정당화 가능한 계몽의 역사와 일관된 사회이론 모델을 결합하는 방식으로 비판이론의 본래 발상을 구출하고자 한다.

부르주아 공론장의 개념

『공론장의 구조변동』은 이성적 공중a reasoning public이 18세기 유럽의 살롱, 클럽, 커피하우스를 무대로 활동한 문예 공중the literary public에서 출현하고 쇠퇴하고 분화하는 현상을 보여준다. 하버마스가 그린 서사는 상당히 자세하며 방대한 범위의 참고문헌을 동원한다.

18세기 초반 시민권이 확립되면서 개인은 결사의 자유와 표현의 자유를 보장받았고, 자유 언론이 출현하면서 커피하우스와 살롱 따위의 물리적 공간과 문예 잡지가 생겨났다. 시민들은 이를 배경으로 자유로운 공적 토론에 참여할 수 있었다. 커피하우스, 살롱, 문예 잡지는 사람들이 자발적으로 회합하고 평등하게 공적 토론에 참여할 수 있는 포럼이었다. 이 공간은 두 가지 의미에서 자율적이다. 첫째, 자발적으로 참여한다. 둘째, 경제체계 및 정치체계에서 상대적으로 독립적이다. 공론장의 구성원은 그저 개인의 이득과 자기 이익을 좇아 교환과 계약으로 매개된 경제적 거래에 나서지만은 않는다. 공론장은 평등한 시민끼리 수행하는 제약 없는 토론에서 자신의 이성을 발휘하기 위해 공동의 목적으로 연합한 사적 시민의 자발적 연합체로 구성된다. 곧이어 무엇보다도 참여자의 욕구와 이해관심을 발견하고 표현하며 공동선 관점을 형성하도록 도와주는 공유된 문화가 발달한다. 하버마스에 따르면 이 연약하지만 보호되는 공적 논증대화의 장에서 공론의 규범적 개념이 확고해진다.

공중의 권위와 영향력이 점점 커지면서 공론이 대표성 없고 폐쇄된 정부 권력의 정당성을 견제하는 기능을 수행하기 시작한다. 공중은 법과 정책이 공동선에 부합하는지를 검토함으로써 그 정당성을 효과적으로 검사할 수 있다. 그러나 공론장이 정치적·사회적 기능을 수행하기는 했지만, 어떤 특정한 정치 제도와도 동일시되거나 결합할 수 없었다. 공론장은 부르주아 시민사회와 국가 혹은 정부 사이 어딘가에서 사회적 교류가 이루어지는 비공식적 영역이었다.

이념과 이데올로기로서의 공론장

하버마스가 『공론장의 구조변동』에서 자세히 설명하는 비판이론은 이데올로기 비판으로 알려진 내재적 비판의 일종이다. 이데올로기 비판이 무엇인지 이해하려면 먼저 이데올로기의 개념을 알아봐야 한다. 아도르노는 이데올로기를 '사회적으로 필수적인 허구' 또는 '사회적으로 필수적인 허위의식'으로 정의하며, 청년 하버마스도 거의 똑같은 정의를 받아들인다. 이 입장에서 이데올로기란 사회가 어떤 식으로든 사람들이 체계적으로 믿게끔 만드는 허위 개념 혹은 허위 신념이다. 그러나 이데올로기는 컵에 커피가 들어 있는데 차가 들어 있다고 믿는 식의 일반적인 허위 신념이 아니다. 사실상 모든 사회 구성원이 어떤 식으로든 믿게 되었기에 널리 참이라고 여겨지는 허위 믿음이다. 게다가 이데올로기는 기능적인 허위 믿음인데, 이는 단지 널리 퍼져 있어서가 아니라, 특정한 사회 제도와 이를 떠받치는 지배 관계를 강화하는 기능을 하기 때문이다. 이것이 이데올로기가 **사회적으로 필수적**이라는 말의 의미다.

이러한 의미의 이데올로기는 다양한 방식으로 사회적 기능을 수행한다. 이데올로기는 실상은 사회적이고 인위적이며 원칙적으로 변경 가능한 제도를 마치 고정되고 자연적인 것으로 보이게 만들 수 있다. 아니면 이데올로기는 일부 계급에 속한 사람들의 이익에 봉사하는 제도를 마치 모든 사람의 이익에 기여하는 것으로 보이게 만들 수 있다. 예를 들어 경제와 법률이 인간과 독립하여 자연적으로 존재한다고 모든 사람이 믿는다면, 노동자는 노동의 대가로 낮은 임금을 주어도 받아들일 가능성이 크다. 이러한 교환을 개혁이 필요한 구조적 부정의로 바라보지 않고 말이다. 그래서 이데올로기 비판은 사회적으로 필수적인 허상을 폭로하고, 그리하여 비판의 대상(여기서는 허구를 형성하는 사회 구조)을 유동화하고 변화에 노출하고자 하는 내재적 비판의 일종이다.

하버마스에 따르면 공론장의 개념은 이념idea이자 이데올로기ideology다. 공론장은 진리와 공동선을 추구하는 주체가 이성적 토론에서 평등한 존재로서 참여하는 공간이다. 개방성, 포용성, 평등, 자유는 이념으로서는 나무랄 데 없다. 그러나 현실에서 이러한 이념은 한낱 이데올로기나 허구에 불과하다. 왜냐하면 실제 18세기 유럽의 커피하우스, 살롱, 문예 잡지에 있었던 공론장에 참여한 주체는 늘 재력 있고 교육받은 남성이라는 작은 집단에 국한되어 있었기 때문이다. 재산과 높은 교육 수준은 두 가지 암묵적인 참여의 조건이었다. 실제로 가난한 저학력자와 여성 대부분이 배제되었다. 결국 공론장의 이념은 추구해야 마땅한 포용적이고 평등주의적인 사회 비전으로서 한낱 유토피아에 불과했을 뿐, 결코 완전히 실현되지는 않았다. 부르주아 공론장 개념은 둘째 의미에서도 여전히 이데올로기적이었다. 이는 문예 공중과 이성적 공중이 공유하는 문화에서 출현하는 공동선 또는 공동 이익의 개념이, 실은 재력 있는 고학력 남성이라는 작은 집단의 이익을 마치 모든 인류의 공동 이익인 것처럼 묘사했기 때문이다.

　하버마스의 접근에서 중요한 지점은 부르주아 공론장의 이념이, 이와 같은 모든 사실을 인정하더라도, **원칙적으로** 열려 있다는 점에서 **한낱** 허구 이상의 것이라는 점을 보여주는 데에 있다. 즉 누구든지 재산과 학력을 갖추고 있다면 지위, 계층, 계급, 성별이 어떻든 공적 토론에 참여할 자격이 있었다. 누구도 **원칙적으로는** 공론장에 참여하지 못하도록 배제되지 않는다. **실제로는** 많은 이가 배제되었다 해도 말이다. 진리와 공동선을 좇으며 제약 없는 토론에 평등한 존재로서 함께 참여하는, 사적 인간들의 보편적으로 접근 가능하고 자발적인 연합이라는 이상은 확실히 유토피아적이었지만, 그것은 과거에도 그랬고 지금도 그렇듯이 추구할 가치가 있는 유토피아다. 그리고 18세기의 짧은 기간 동안, 이 유토피아는 지적 통화를 얻었을 뿐만 아니라 사회 현실과 정치 현실에서 부분적으로 실현되기 시작했다.

공론장의 쇠퇴

『공론장의 구조변동』의 두 번째 부분은 공론장의 붕괴와 쇠퇴를 기록하고 있다. 신문과 잡지는 점차 대중적으로 유통되면서 소수의 힘 있는 개인의 사익을 따라 운영되는 거대 자본주의 기업에 흡수되었다. 공론이 비판적 기능을 상실함에 따라 이중의 자율성도 상실했다. 19~20세기의 공론장은 합리적 의견과 믿을 수 있는 신념을 형성하도록 촉진하는 대신 국가가 공론을 관리하고 조작하는 장으로 전락했다. 대중매체 신문, 잡지, 베스트셀러 소설은 라디오, 텔레비전 방송, 소비재와 더불어 자유와 인간 번영을 고무하기는커녕 사실상 억압하는 꼴이었다. 분명히 국가, 경제, 정치제도는 공중의 환호와 지지 그리고 그와 결부된 외견상의 정당성을 얻는 데는 훨씬 더 능숙해졌다. 그러나 이러한 지지는 굽신거리고 무비판적이며 경제적으로 종속된 소비자의 사적 의견에서 왔지, 이성적인 공적 토론으로 구축된 건강한 공론에서 온 것은 아니었다.

이처럼 20세기 서구 자본주의 사회의 발전을 바라보는 다소 암울한 관점은, 상당 부분 문화 산업이 유순하고 무비판적인 소비자로 이루어진 획일적 대중을 양산한다는 호르크하이머와 아도르노의 설명과 일치한다. 하버마스도 프랑크푸르트학파의 꽤 비관적인 분석을 받아들인다. 즉 미국의 독점 자본주의 및 복지국가 자유주의가 궁극적으로는 인간의 자유를 축소하고 민주 정치를 속 빈 강정으로 만들었을 뿐, 나치즘에 굴복한 바이마르 독일의 취약한 사회질서를 대체할 유익한 대안을 제시하지 못했다는 것이다.

그래도 하버마스는 호르크하이머와 아도르노보다는 '가야 했던 길'에 대해 훨씬 선명하고 긍정적인 입장이다. 현실에서 쇠퇴하고 분열되고 만 공론장은 더 깊어지고, 더 넓어지고, 계속해서 비판과 정당화 역할을 수행함으로써 정치체계와 경제체계를 민주적 통제의 장으로 편입했어야 한다. 하버마스는 『공론장의 구조변동』의 마지막 분석을 희망찬 추측으로 마무리한다. 그런 공론장의 발전이 예를 들어 정당과 같은 조직에 내재한 현존하는 공공성의 장을 기초로 하여 여전히 실현될 수 있다는 추측으로 말이다. 올바른 정치적·사회적 조건이 주어지면 공론장의 발상과 사회정치적 현실 간의 깊어지는 간극을 메울 수 있을지도 모른다.

하버마스의 비판이론관

하버마스의 관심은 공론장 개념에 있는데, 그 까닭은 공론장을 민주 정치의 이상이 뿌리박은 원천이자 평등, 자유, 진리, 합리성 등 민주주의의 성장과 보존에 필요한 도덕적 가치와 인식적 가치의 기반으로 보기 때문이다. 하버마스의 연구는 일관되게 프랑크푸르트학파의 스승들과 구별되었는데, 바로 하버마스의 개인적 자유에 대한 깊은 관심이 민주제도의 운명 및 민주정치의 혁신에 관한 전망과 항상 결합하고 있다는 점에서 그렇다. 그래서 하버마스는 호르크하이머나 아도르노보다 민주 사회의 구체적인 제도적 구조에 훨씬 예리한 관심을 보였다. 하버마스의 관점에서 비판이론은 한편으로는 정치적 극단주의로부터, 다른 한편으로는 급성장하는 자본주의 사회의 약탈로부터 개인을 보호하기 위해 어떤 종류의 제도가 필요한가 하는 물음에 무언가를 말했어야 한다.

아도르노는 앞서 마르크스처럼 좋은 사회 혹은 합리적인 사회가 어떤 모습이어야 하는지에 관해서는 거의 아무것도 말하지 않으며, 후에 미셸 푸코(1926~1984)처럼 제도 전반에 깊은 의구심을 품었다. 아도르노의 비판이론이 추구하는 실천적 목표는 개인이 자본주의 사회의 획일화하는 제도에 운명처럼 통합되는 현상에 저항할 수 있는 능력을 갖추는 것이다.

여기서 가장 중요한 것은 개인적 자율성인데, 이때의 개인적 자율성이란 이마누엘 칸트(1724~1804)가 말한 **성숙**Mündigkeit과 유사하게 이해된 것으로, 자신의 이성을 사용하고 스스로 사고하는 능력을 일컫는다. 그러나 아도르노에게 **성숙**은 전적으로 부정적인 방식으로 해방과 연결된다. 현 상황에서의 해방은 오직 제도화된 질서를 향한 저항, 즉 현재의 사회 현실에 적응하거나 순응하는 것을 거부하는 능력, '아니요'라고 말하는 능력을 의미할 수 있을 뿐이다. 반면 하버마스는 자율성을 촉진하는 사회적·제도적 조건을 규명하고자 한다. 하버마스에게 해방은 민주제도를 갉아먹는 자본주의와 국가 행정기구의 영향에도 견딜 수 있는 진정한 민주제도를 창조하는 것을 뜻한다.

그러므로 『공론장의 구조변동』은 『계몽의 변증법』보다 훨씬 덜 음울하고 훨씬 덜 비관적인 계몽의 모습을 제시한다. 『계몽의 변증법』에서는 합리성 그 자체가 지배의 숙명적 원인이자 잠재적인 실패로 가는 길이다. 호르크하이머와 아도르노의 이론은 자의식적으로 아포리아에 봉착한다. 빠져나갈 수 없는 상황을 풀어나갈 실마리를 거의 주지 않기 때문이다. 대조적으로 하버마스의 공론장 이론은 평등한 사람들이 자유롭게 수행하는 이성적 토론의 이상을, 현재로서는 충분히 실현되지 않았지만 그래도 추구할 가치가 있는 이상으로 제시한다.

2장

하버마스의
새로운 사회이론 접근

하버마스의 초기 연구

하버마스는 『공론장의 구조변동』 출간 후 거의 20년이 지나서야 원숙한 이론을 제시한 첫 주저 『의사소통행위이론』을 낸다. 그 사이 20년 동안 침묵한 것은 결코 아니었다. 사실 정반대다. 이 시기에 하버마스는 몇 권의 중대한 저서를 발표할 정도로 대단히 생산적이었다. 『공론장의 구조변동』이 하버마스의 지적 수습 기간을 마치는 저서였다면, 이때의 저서는 여정의 시간을 대표한다. 지적 여정의 시기를 거치는 동안 하버마스는 스스로 결코 만족하지 못한 헤겔-마르크스주의 전통에 대한 입장을 재정비하고 전환했다. 하버마스는 세 가지 연결된 사유 노선을 발전시킴으로써 이 과제를 수행했다.

첫째, 하버마스는 1960~1970년대에 마르크스와 그 지적 유산에 끈질긴 비판적 개입을 감행한다. 이러한 개입의 중심 가정은 노동이 인간 실현의 기본 범주라는 가정과 인간의 자유를 생산력의 해방과 생산관계의 변혁으로 유의미하게 간주할 수 있다는 가정이다.

프랑스의 사회이론가 시몬 베유(1909~1943) 등 다른 이들이 지적했듯이, 위와 같이 이해한 자유는 인간 해방과 사회적 압제의 철폐로 귀결되지 않는다. 인간이 맺는 관계·상호작용은 일·노동과 결코 혼용되어서는 안 된다. 후자는 주체와 객체의 한낱 도구적인 관계일 뿐이지만, 전자는 주체 간의 비도구적 관계이기 때문이다. 후자는 주체가 대상과 관계를 맺는 도구적인 관계일 뿐이지만, 전자는 주체끼리 관계를 맺고 대개 비도구적인 관계이기 때문이다. 이에 대응하여 하버마스는 생산관계의 발전에 치우친 마르크스 사상을 보완하고 교정하는 탐구로서 규범적 구조의 진화와 도덕의식의 발달에 관한 연구에 착수한다. 덕분에 하버마스는 마르크스주의 이론이 통상 허용하는 바보다 훨씬 풍부한 사회관과 인간관계에 대한 관점을 구상할 수 있었다.

둘째, 하버마스는 윌리엄 제임스(1842~1910), 존 듀이(1859~1952), 조지 허버트 미드(1863~1931), 찰스 샌더스 퍼스(1839~1914)가 구축한 미국 실용주의 전통, 그리고 이와 전적으로 무관하지 않은 빌헬름 딜타이(1833~1911)에서 한스 게오르크 가다머(1900~2002)에 이르는 해석학 전통에 관심을 두기 시작했다. 미국 실용주의와 독일 해석학의 전통은 철학이 일상적 삶에서 그 거처를 발견하고 이와 연결고리를 유지해야 한다는 중요한 가정을 공유했다. 철학의 이론과 개념은 현실 세계를 살아가는 실제 사람들의 삶과 경험을 변화시킴으로써 자기 몫을 다해야 한다.

셋째, 마르크스주의 비판 그리고 해석학 및 실용주의와의 조우에 더하여 하버마스는 과학과 기술, 과학주의적·실증주의적 사고방식에 대한 비판을 심화했다. 하버마스는 호르크하이머와 아도르노보다 빈학파의 논리실증주의에 우호적이기는 했지만, 여전히 모든 지식, 특히 사회세계에 관한 지식이 자연과학의 규범을 따라야 한다는 입장에는 비판적이었다. 마침내 하버마스는 이론적 지식, 실천적 지식, 비판적 지식이라는 상이한 유형의 지식이 상이한 틀에서 구체화되며 상이한 인간의 관심을 떠받친다는 견해를 개진하기에 이른다. 이론적 지식은 자연에 기술적 통제를 가하고자 하는 인간의 관심에 기반을 둔다. 실천적·도덕적 지식은 서로를 이해하고자 하는 인간의 관심에 기반을 둔다. 한편 비판적 사회이론과 정신분석학은 해방, 자율성(성숙), 좋은 삶의 실현, 허구로부터의 자유에 관한 집단적 관심과 개인적 관심에 각각 기반을 둔다.

이 초기 연구들도 하버마스의 특징적 주제를 잉태하고 있지만, 지금 보면 대체로 인생사에서 비롯한 역사적 관심을 표현한다. 『의사소통행위이론』에 이르러서야 하버마스의 광범위한 영향력은 일관된 사회이론 프로그램으로 자리 잡기 시작하며, 이 프로그램을 기반으로 하버마스의 사회이론, 도덕이론, 정치이론이 전개된다. 『의사소통행위이론』은 많은 분량을 사회학자 막스 베버, 에밀 뒤르켐(1858~1917), 탤컷 파슨스(1902~1979),

그리고 헤겔적 마르크스주의자 루카치 죄르지(1885~1971) 및 호르크하이머와 아도르노의 비판이론을 논의하는 데 할애하고 있다. 그러나 이는 문헌 조사 연구가 아니다.

하버마스의 접근은 역사적 접근이 아니라 재구성적 접근이다. 하버마스의 연구는 경쟁 이론들과 역사적 선학들을 비판적으로 소화하며 진행된다. 하버마스는 재구성적 접근을 옹호하고자 자연과학과 달리 사회과학의 패러다임들끼리는 역사적 계승자의 관계를 맺지 않는다고 주장한다. 이에 따르면 사회과학자들은 한 이론을 선호하여 다른 이론을 폐기하지 않는데, 사회이론들끼리는 마치 '동등한 자격으로'(TCA 1, 140) 경쟁하는 대안의 관계를 맺기 때문이다. 이런 이유로 훌륭한 사회이론을 판정하는 한 가지 규준은, 한 이론이 기존 이론과 경쟁 이론의 부족한 부분은 보완하면서도 성공적인 부분을 해명하고 보존하여 그 이론들과 맞물리는 정도를 따져보는 것이다. 이를 위해 하버마스는 이른바 '체계적 의도에 따른 이론사'를 제시한다. 이처럼 정교한 종합을 꾀하는 접근이기에 하버마스의 주저가 풍성한 것을 넘어 벅찬 분량이 된 것이다.

나는 다소 편향적일 수 있는 하버마스의 사회이론사 탐구 대신 그 체계적 의도에 초점을 맞추고자 한다. 『의사소통행위이론』에서 하버마스가 당면한 목적은, 자신이 생각하기에 위에서 논한 전통에 속한 사상가들을 좌절시킨 세 가지 문제를 해결하는 데 있다.

사회이론의 세 가지 문제

사회과학에서 의미 이해의 문제

사회과학에서 의미 이해의 문제는 인간 행위를 해석하는 문제 혹은 인간 행위의 의미를 이해하는 문제를 말한다. 여기서 의미를 가리키는 단어는 독일어 'Sinn'이다. 20세기에 Sinn은 두 가지 아주 다른 전문 용법이 있었다. 원래 딜타이와 다른 이들은 인간 행위의 상징적 의미를 가리키는 말로 Sinn을 썼고, Sinn은 '삶의 의미'와 같은 표현에서 나타나는 '의미'의 뜻을 가리켰다. 그런데 혼란스럽게도 같은 단어 Sinn을 고틀로프 프레게 (1848~1925)는 단어나 절이 지시하는 대상이 주체에게 주어지는 방식을 가리키는 것으로 썼다. 프레게는 언어에 내재적인 Sinn의 **뜻**sense과 외부 세계에 있는 그 지시체reference를 구별했다. '샛별'은 '저녁별'의 또 다른 뜻이지만, 둘 다 금성을 지시한다. 우선 프레게의 Sinn 용법은 제쳐두기로 하자.

딜타이는 철학, 법학, 문학, 역사학 등 인문적인 것과 관련된 연구 분야인 인문과학 혹은 **정신과학**Geisteswissenschaften이 방법론적으로 자연과학과 구별된다고 논했다. 인문과학은 사회세계를 이해하는 방식을 취하는 반면에 자연과학은 외적 사건이나 자연적 존재를 설명하는 것과 관련 있다. 딜타이에 따르면 자연과학적인 인과 설명으로는 인간의 영적·정신적 삶을 충분히 이해할 수 없다. 과학은 경험적 관찰이 뒷받침하는 이론들의 도움으로 사건을 외부에서 설명한다. 그러나 인간 행위는 주관적 경험의 관점에서, 즉 내부에서 파악되어야 한다. 예컨대 과학은 인간의 신체가 움직이는 모습을 물리적·생체역학적으로 적절하게 설명할 수 있지만, 누군가가 달려가는 행위의 의미에 관해서는 아무것도 말해줄 수 없을 것이다. 말하자면 과학은 우리를 지나쳐 달려가는 사람이 어디를 바삐 가는지, 도망치는지 혹은 운동하는지를 말해주지 않는다. 행위의 의미를 이해하려면 행위자의 주관적인 인간적 경험에 비추어 행위를 해석해야 한다.

딜타이를 따라 베버는 인간 행동에 관한 외적 관찰과 행위의 '내적인' 주관적 의미 이해를 결합해야 한다고 생각했다. 의미 이해를 얻는 방식은 인간의 목적, 가치, 필요, 욕구와 관련된 맥락에 비추어 인간 행동을 해석하는 것이다. 베버는 행위가 수단과 목적이라는 적합한 맥락과 연결될 수 있다면, 다시 말해 행위가 이유에 따라 수행되었다고 이해할 수 있다면, 그 행위는 주관적으로 의미 있을 뿐만 아니라 이해 가능하다고 본다. 반대로 행위가 외부 자극에 따른 반응으로만 설명될 수 있다면 그 행위는 대개의 동물 행동과 마찬가지로 **무의미**하다. 요컨대 행위의 유의미성 문제를 그 행위를 한 이유의 문제와 연결한 셈이다.

베버의 행위이론은 딜타이의 이론에 비하면 장점이 있었지만 단점도 많았다. 베버는 해석자가 한 사람의 행위의 의미를 이해하려면 그 사람의 마음**속에서** 주관적으로 일어나는 일을 감정이입하듯이 재현하거나 재생산하는 것이 유일한 길이라고 주장했다. 하지만 베버는 이러한 감정이입적 이해가 무엇인지를 적절하게 분석하지 않았다. 그는 내면의 정신이 외부의 신체와 구별된다는 이원론적 행위관을 취했고, 그 결과 양자의 관계는 본질적으로 불가사의한 것으로 제쳐두었다. 이는 행위 해석에 걸린 제약이 무엇인지를 논하지 못하는 결과를 낳았다. 이 점은 말하자면 행위자의 관점에서 합리적인 것이나 비합리적인 것이 행위의 해석자 관점에서도 합리적인 것이나 비합리적인 것으로 여겨지는 이유를 설명할 방도가 없다는 뜻이다. 그래서 베버는 행위의 의미가 시간이 지나도 안정적으로 유지되고 투명하게 열려 있는 이유를 설명하지 못했다.

이 문제 전반에 접근하는 좀 더 유익한 방법은 행위자의 주관적 신념, 욕구, 태도와 그 객관적인 '명제적' 내용을 구별하는 것이다. 일단 이를 구별하고 나면, 행위자의 주관적 목적이나 의도를 실천적 추론의 한 사례로 재구성하여 행위를 이해할 수 있다.

1. 철수는 따뜻하게 있고 싶다.
2. 철수는 난방용 장작 난로가 있다.
3. 철수는 난로에 필요한 연료가 떨어졌다.
4. 철수는 장작을 모으고 패서 난로에 필요한 연료를 마련할 수 있음을 안다.
5. 따라서 철수는 장작을 모으고 패야 한다.

이 논증은 이 상황에서 철수가 장작을 모으고 팰 이유가 있다는 점을 보여준다. 우리가 해석자로서 다음 사실을, 즉 철수가 이 추론을 파악하면 장작을 모으고 팬다는 사실을 가정할 수 있다고 하자. 그렇다면 겉으로 드러난 철수의 행동을 근거로 철수의 행위가 갖는 의미를 적절하게 이해할 수 있다.

철수의 행위가 갖는 의미는 1~4에 이르는 명제의 참 여부 그리고 5에 이르는 추론의 타당성에 달려 있다. 그리고 이는 철수의 심리 상태 및 해석자의 심리 상태와 독립적이다. 이처럼 행위 해석의 과제를 다루는 대체로 표준적인 접근은 베버식 설명의 문제를 해결한다. 비록 하버마스는 이 해법을 채택하지 않지만, 행위의 의미 이론이 언어적 의미 이론에 의존한다는 점에는 동의하며, 아래 논지에도 의견이 일치한다.

1. 행위의 의미를 이해하려면 행동을 외부의 3인칭 관점에서 기술하는 것으로는 불충분하다.
2. 행위의 의미를 올바르게 이해하는 것은 행위를 한 이유를 올바르게 파악하는 것에 달려 있다.
3. 이유, 따라서 행위는 인간의 목적, 가치, 필요, 욕구, 태도에 관한 배경지식을 알아야 올바르게 해석될 수 있다.
4. 행위의 의미와 이유는 행위자만 은밀히 알 수 있는 것이 아니며, 원칙적으로 해석자와 행위자 모두 접근할 수 있다.

그렇지만 하버마스가 보기에 표준적 접근은 인간이 개인화되기 전, 전사회적인pre-individuated, pre-social 필요와 욕구를 갖는다고 잘못 가정하는 흠이 있다. 게다가 표준적 접근은 각 개인이 자신의 관점에서 도구적 추론을 하며 그리하여 공유 가능한 공적 의미가 개인적인 사적 이유에 의존하여 형성된다고 가정한다. 결국 표준적 접근은 의미에 관한 딜타이의 해석학적 관점과 베버의 심리주의적 관점을 프레게식 지시체 관점에 가까운 것으로 대체하는 꼴이다. 반면 하버마스는 다음 장에서 보듯이 언어적 의미가 명제의 진리 조건으로 환원될 수 없다고 논한다.

비합리성, 그리고 이데올로기 비판의 문제

루트비히 포이어바흐(1804~1883)와 마르크스 이래 사회이론가들이 던진 물음은 왜 행위자들이 자신의 이익 충족을 방해하거나 심지어 좌절시키는 제도를 기꺼이 유지하고 재생산하는가였다. 어째서 가난, 억압, 주변화에 신음하는 이들이 자신을 그렇게 만든 바로 그 (종교적이든 경제적이든 정치적이든) 법과 제도에 동조하는가? 사회이론가들의 답은 이들이 자신의 진정한 이익에 관한 그릇된 믿음을 고수하기 때문에 비합리적으로 행동한다는 것이다. 마르크스는 이런 그릇된 믿음을 가리키고자 (1장에서 본) '이데올로기'라는 전문 용어를 쓴다. 마르크스의 입장에서는 사회철학자가 억압받는 행위자로 하여금 그릇된 믿음을 직시하도록 하는 것으로는 불충분하다. 그저 그릇된 믿음을 참된 믿음으로 대체한다고 해서 사회를 바꿀 수는 없다. 플라톤이 말했듯이 사회 변화는 멀어버린 눈을 뜨게 해주는 문제가 아니다. 사회철학자가 진실을 깨우쳐주고자 부단히 노력하더라도, (마르크스의 경우 사회의 경제 조직 같은) 사회의 어떤 요소 때문에 이 이데올로기를 믿고 따르는 행위자의 성향이 생긴다. 더욱이 그런 이데올로기는 자신을 만들어내는 극도로 억압적인 사회 체계를 재생산하고 유지할 정도로 끈질기다. 마르크스주의 사회이론의 실천적 과제는 행위자에게 자신의 참된 이익에 반하여 행위하는 성향을 심어주는 이데올로기 형성 메커니즘을 규명하고 변혁하는 것이다.

이 설명 전략은 나름대로 직관적 호소력이 있지만 흠도 있었다. 그중 하나는 마르크스주의적 이데올로기 비판자 자신은 이데올로기 형성 메커니즘의 진실을 깨닫고 있어야 하고, 자신이 보유한 정보만큼은 나머지 대다수가 저지르는 이데올로기적 오류에 면역되어 있는 이유를 능히 설명할 수 있어야 한다는 점이다. 이데올로기 비판자는 두 가지 선택지가 있다. 먼저 비판자는 자신의 이론이 이데올로기적 허구라는 의혹에서 면제된다고 볼 수도 있다. 이 경우 자기기만을 피하는 방법이 있어야만 하며, 기만을 일으키는 지식이 그릇된 믿음이 형성되지 않도록 하기에 충분해야 한다. 이는 카드 속임수를 한번 보고 나면 더는 마술이라고 생각하지 않는 것과 같다. 아니면 비판자는 자신의 이론을 그 의혹에서 면제하지 않을 수도 있다. 이 경우 이데올로기 대신 이데올로기 비판을 믿을 하등의 이유가 없다. 일례로 호르크하이머는 이 딜레마에서 첫 번째 선택지를 택한다. 호르크하이머 본래의 비판이론관에 따르면, 비판이론은 학제적, 반성적, 변증법적이므로 이데올로기에 면역이 있다고 추정되며, 이론가에게 사회 현실을 조망하는 특권적 통찰을 제공한다. 마찬가지로 아도르노는 자기가 받은 가정교육 덕에 이데올로기의 영향에 저항하는 예방접종을 받는 행운을 누렸다고 주장하곤 한다. 하지만 비판이론가는 여전히 편치 않은 입장이다. 즉 허구 형성 메커니즘의 심층성과 해로움을 더 강하게 추정할수록, 그 메커니즘이 비판이론가의 주장에는 영향을 미치지 않는다고 믿기란 어렵다는 것이다.

나아가 오늘날에는 우리가 대체로 합리적이고 참인 믿음을 갖고 있다고 가정하는 경우에만 의미 해석이 가능하다는 사실이 널리 수용되고 있다. 해석자가 해석 대상인 행위자의 입장에 서서 광범위하게 퍼진 오류와 비합리성에 기꺼이 수긍한다면, 해석자는 그 행동에 관한 너무나도 많은 잠재적 해석에 수긍하는 셈이다. 이를테면 해석자는 급히 뛰어가는 사람을 보고 눈에 보이지 않는 곰에게 쫓기고 있다고 생각할지도 모른다. 이 경우 해석자는 어떤 해석이 올바른 해석인지를 정하여 문제가 된 행위의 의미를 이해하는 신뢰할 수 있는 수단을 잃고 만다. 이데올로기적 허구의 개념은 자신의 토대를 무너뜨릴 정도로 과도하게 확장할 수는 없다. 아무 데나 비합리성이 있다고 보면 사회세계는 불가해한 것으로 전락할 위험이 있다. 4장에서 보듯이 하버마스의 사회이론이 이 문제에 응답하는 방식은 의사소통적 행위와 도구적 행위의 구별을 준거로 이데올로기 개념과 그와 관련된 이데올로기 비판의 관점을 재구성하는 것이다. 하버마스의 답은 수많은 사람이 자기도 모르게 비합리적으로 행동한다는 이야기가 아니다. 경제체계와 행정체계가 도구적 합리성이 있는 특정한 행동 패턴에 몰두하도록 만든다는 이야기다.

사회질서의 문제

앞선 뭇 사회이론가들처럼 하버마스는 어떻게 사회질서가 가능한가 하는 문제에 관심이 있다. 흔히 토머스 홉스(1588-1679)가 이 문제를 제기한 것으로 알려져 있다. 홉스는 어떻게 수없이 많은 개개인의 행위에서 안정적이고 예측 가능한 사회질서가 성립할 수 있는지를 물었다. 홉스가 보기에 그러한 다수의 개개인은 서로를 사적으로 알지도 못하며, 한날한시에 명시적 합의를 통해 행위 조정을 이룰 수 있는 이도 극히 적을 뿐이다. 홉스의 답은 강제력의 사용과 신뢰 가능한 처벌 위협이 뒷받침하는 전능한 통치자의 법과 권위가 질서를 세운다는 것이다.

사회질서 문제를 다루는 '홉스적' 해법에는 익숙한 난점이 있다. 개인의 관점에서 법을 어기고 규범을 위반하는 행위의 인지된 비용, 즉 처벌의 대가가 법을 어겼을 때의 이득보다 훨씬 작은 경우가 있는데, 이 경우에는 법을 어기는 것이 합리적이다. 정해진 법을 따르면 어떤 식으로든 각 개인에게 이익이 된다는 점을 요지로 삼는 이론, 이른바 도구적 사회이론 instrumental social theories은 '무임승차자' 문제에 부딪힌다. 이런 이론은 사람들이 자기는 법을 어기고 다른 사람은 법을 지켜서 개인적 이익을 볼 수 있는 경우에도 법을 지키는 이유 혹은 법을 지켜야 하는 이유를 설명할 수 없다. 이런 이론은 법을 어기고 타인의 복종에서 사적 이익을 얻는 것이 합리적인 것처럼 보일 때조차 왜 법을 지키는지 혹은 왜 법을 지켜야 하는지를 보여주지 못한다. 그러므로 이런 이론은 사회질서의 문제에 적절히 답했다고 할 수 없다.

　반론을 접한 철학자들은 사회질서의 문제에 답하고자 사회계약론으로 방향을 돌렸다. 사회계약론은 사회질서가 암묵적·명시적 계약 관계의 망에 의존한다고 주장한다. 그러나 계약 조건을 따르고자 하는 사람들이 정확히 언제 어떻게 계약을 개시하는지를 설명하기란 불가능하지는 않아도 까다롭기는 매한가지다. 게다가 뒤르켐이 지적했듯이 계약의 모든 요소가 계약적이지는 않다. 계약의 발상은 사회 규칙과 규범이 있다는 사실을 해명하는 대신 방대한 수의 사회 규범, 특히 계약을 존중해야 한다는 점을 명시하는 규범이 이미 작동하고 있음을 전제한다.

　뒤르켐은 행위자들이 집단적 도덕의식을 구성하는 규범을 준수한다는 사실을 가정함으로써 사회질서를 설명하고자 한다. 행위자들이 규범을 준수하는 이유는 적극적 이유도 있고 소극적 이유도 있다. 행위자들은 사회화를 거치며 특정한 제재를 규범 위반과 연결하며 자발적 행위로 이 제재를 피하는 법을 배운다. 동시에 행위자들은 소속 사회의 집단적 도덕의식에 편안함과 동질감을 느끼게 된다. 미국 사회학자 파슨스는 이 입장을 발전시켜 규범과 가치의 체계가 있어서 조정과 사회적 안정성이 가능해진다는 보다 정교한 이론을 제시한다. 파슨스는 행위자가 비도덕적·도구적·자기 지향적인 이유보다 도덕적·비도구적·타인 지향적인 이유를 우선하는 성향과 함께 이렇게 하지 못한 이를 처벌하는 성향을 습득한다고 논했다. 대다수 사람이 두 성향을 계발하는 한, 일부 행위자가 때때로 사회 규범을 일탈하더라도 사회질서가 유지될 수 있다. 설혹 규범 준수를 보장하는 규범적 메커니즘이 어떤 경우에 실패하더라도, 사람들은 도덕의 요구를 따르지 않을 때 감당해야 할 처벌을 두려워하기에 그 메커니즘 배후에 도구적 안전망으로 대비되고 있는 것이다.

하버마스가 사회질서 문제에 내놓은 답은 이 모든 이론의 상이한 조각을 독창적으로 재구조화하는 데에 있다. 기본 발상을 아주 간략하게 요약해보자. 하버마스에 따르면, 인간의 행위 조정은 언제나 대화 혹은 언어 사용speech or language use을 주요 수단으로 하여 이루어진다. 행위자가 행위 조정을 위해 언어를 사용할 때마다 자신의 행위 혹은 발언을 적절한 이유에 근거하여 정당화하겠다고 약속하는 셈이다. 하버마스는 이 약속을 '타당성 주장validity claims'이라고 칭한다. 이어지는 장에서 하버마스가 말하는 '타당성 주장'과 '타당성'의 의미를 살펴볼 것이다. 지금으로서는 이러한 약속이 일종의 **도덕적** 지위가 있다는 점을 지적하면 충분하다. 이는 이러한 약속이 행위자에게 보편적으로 적용 가능하고, 회피 불가능하며, 다른 언어 사용자에 대한 책무를 형성하기 때문이다. 타당성 주장은 적절한 이유와 연결되어 있기에 **합리적** 지위도 있다.

타당성 주장은 한 사람의 발언과 행위deeds and words를 타인에게 정당화하겠다는 약속이다. 이는 한낱 언어적, 의미론적 현상이 아니다. 타당성 주장은 사회적 행위자의 행위를 규제한다는 점에서 실천적 기능이 있다. 근대 사회는 어떤 상황에서 어떤 행위자도 자신의 행위를 정당화하라고 요구받을 수 있고, 또 그렇게 하도록 사전에 약속된 사회다. 이런 방식으로 이유는 지속적인 상호작용이 이루어지고 행위자가 갈등을 피하도록 규제하는 보이지 않는 선을 제공한다. 사회적 행위자들이 대화와 적절한 이유의 상호 인정에 따라 자신의 행위를 규제하는 데에 익숙해지면서, 신뢰 가능한 처벌 위협, 공유된 종교 전통이나 선행하는 도덕적 가치에 직접적으로 의존하지 않는 상대적으로 안정적인 사회질서 양식이 형성되기 시작한다.

이렇게 해서 하버마스의 원숙한 이론 밑바탕에 있는 기본 발상을 간략히 살펴보았다. 이 발상은 하버마스의 의미 이론과 합리성 이론만이 아니라 사회이론, 도덕이론, 정치이론, 법이론 전반의 토대다. 따라서 9장 전까지는 하버마스가 사회질서 문제에 내놓은 답을 완전히 전개했다고 볼 수 없다. 하지만 그렇다고 하버마스의 도덕이론과 정치이론이 사회이론의 구성요소에 불과하다거나, 하버마스의 연구가 사회질서라는 단일한 문제에 응답하는 장대하고 정교한 과정에 불과하다는 것은 아니다. 하버마스의 사회철학·도덕철학·정치철학 프로그램은 고유의 관심을 따르지만, [표 1]에서 상기할 수 있듯이 각 프로그램은 상호 지지 관계를 이룬다. 하버마스의 도덕이론과 정치이론 또한 사회이론에 영향을 주었다는 점은, 근대 사회가 고도로 복잡하다는 사실 그리고 도덕규범, 국법state laws, 경제·행정·정치제도가 사회 구조의 부분이자 구획이라는 사실을 반영한다.

3장

화용론적 의미 이론 프로그램

언어적 전환과 의식철학의 종언

하버마스는 언어 사용 분석에서 출발하여 행위 조정의 합리적 토대를 언어에서 찾는 새로운 방법으로 사회철학을 연구하자고 주장한다. 하버마스는 이 새로운 접근을 '언어적 전환linguistic turn'이라 불리는 철학 내의 전반적인 전환과 결합한다. 원래 언어적 전환이라는 표현은 다양한 20세기 철학자의 서로 다른 시도를 일컫는 말이었다. 이 철학자들은 우리의 언어 사용에 내재한 개념적 진리를 탐구함으로써 까다로워 보이는 인식론적·형이상학적 논쟁을 풀고자 했다. 이들의 기본 전략은 무엇이 존재하는가, 무엇을 알 수 있는가, 우리는 어떻게 그것을 알 수 있는가 하는 문제를 우리가 뜻하고자 하는 바가 무엇인가 혹은 우리가 무엇을 지시하고 어떻게 지시하는가의 문제로 다루는 전략이다. 하버마스는 비슷한 전략을 사회의 특성과 사회질서의 가능성 문제에도 활용한다.

하버마스의 언어적 전환은 단순히 언어로 방향을 트는 전환이 아니라 이른바 '의식철학 패러다임the paradigm of the philosophy of consciousness'을 포기하는 전환이다. 이 두 측면은 동전의 양면이다. 의식철학은 몇 가지 특징적인 발상으로 압축할 수 있는 대단히 폭넓은 철학적 패러다임을 지향한다.

1. **데카르트적 주관성**Cartesian subjectivity: 주체 혹은 자아라 부르는 것이 있다는 친숙한 발상이다. 이때 주체란 개념과 지각의 내면적인 정신적 영역으로 여겨지는 마음의 근원을 뜻한다.

2. **형이상학적 이원론** metaphysical dualism: 데카르트적 주관성은 형이상학적 이원론과 결합한다. 형이상학적 이원론은 사유와 연장된 존재extended being라는 두 가지 상이한 종류의 실체가 있다는 생각이다. 형이상학적 이원론은 **데카르트적 이원론** 혹은 **심신 이원론**으로도 알려져 있는데, 데카르트가 정신과 육체를 근본적으로 다른 종류의 존재라고 생각했기 때문이다.

3. **주관-객관 형이상학**subject-object metaphysics: 좀 더 폭넓은 입장으로, 세계가 사유하고 행위하는 다수의 주체와 대립하는 객체의 총체성이라는 입장이다. 이 생각의 특징은 주체가 활동 배경으로 삼는 세계의 일부라고 생각하지 않는다는 점이다. 물론 이 입장을 취하는 모든 이론이 형

이상학적 이원론의 판본인 것은 아니다. 한 예로 헤겔은 세계를 단일한 자기인식적 주체의 정신에 따른 산물로 이해함으로써 주관-객관 패러다임을 내부에서부터 변형한다. 그래서 헤겔은 일원론적 주관-객관 형이상학을 취한다.

4. **토대주의**foundationalism: 좁은 의미의 토대주의는 빈학파 혹은 '논리' 실증주의가 말한 인식론적 학설을 가리킨다. 이 학설에 따르면 지식은 감각 자료 또는 일종의 기초 관찰 문장을 근거로 삼는다. 넓은 의미의 토대주의는 데카르트 이후 대다수 근대철학의 특징이라 할 수 있는 확실성을 향한 인식론적 탐구를 가리킨다.

5. **제1철학** first philosophy: 이 발상은 과학적 탐구 양식의 타당성을 증명하기 위해서는 자연과학이 확립한 진리를 전제하지 않는 철학이 필요하다는 생각이다. 이러한 입장은 넓은 의미의 토대주의자에 속하는 철학자들이 공유하는 입장이다. 이를테면 데카르트와 칸트는 모두 철학의 주요 과제가 올바른 지식의 규준을 정립하는 것이라고 주장한다.

다른 두 가지 발상은 하버마스가 보기에 의식철학이 받아들이는 발상으로, 사회이론과 더욱 직접적인 관련이 있는 발상이다.

6. **사회적 원자론**social atomism: 대부분의 사회철학·정치철학에서 일반적인 이 발상은 개별적 주체가 사회적·정치적·윤리적 현실보다 논리적으로, 존재론적으로, 설명상으로 선

행한다는 발상이다. 이 입장에서 공동체란 사회와 정치에 선행하며 서로 구별되고 완전히 구성된 주체 간의 관계를 총합하여 이루어진다. 사회적 원자론의 핵심은, 개별적 주체들이 상호 관계를 통해 구성되거나 전체로서의 사회와 함께 구성**되지 않는** 데 반해, 사회나 공동체는 개별적 주체 간의 관계에 따라 구성**된다**는 것이다. 여기서 공동체는 어떤 내재적 가치도 없다는 입장과 공동체의 구성원 지위에 내재적 가치가 없다는 입장이 따라 나온다. 정반대로 공동체는 개별적 주체가 이미 갖는 이해관심과 욕구를 충족하기 위해 존재하며 공동체의 구성원 지위는 도구적 가치만 있다.

7. **사회는 거대 주체다**society is a macrosubject: 이 발상은 사회가 일종의 거대 주체라는 생각으로 플라톤, 루소, 쉴러, 헤겔, 마르크스, 뒤르켐이 지지한 생각이다. 이 입장에서 사회는 통일된 유기적 전체다. 즉 사회는 개인의 복수형이나 총합이 아니라 일종의 집합적 인격이다.

하버마스의 요지는 의식철학 패러다임을 따르는 모든 철학자가 위 특징적 발상을 예외 없이 받아들인다는 이야기가 아니다. 실상 그렇게 할 수도 없는데, 위 특징적 발상이 일관성 있는 집합이 아니기 때문이다. 가령 발상 6과 발상 7은 서로 매끄럽게 부합하지 않는 것 같다. 요점은 이렇다. 위 발상은 근대철학에 깊이 뿌리내린 발상이며 지대한 영향을 미치고 있다. 그리고 하버마스는 위 발상을 모두 거부한다.

이와 같은 언어적 전환의 분석 작업에서 벗어나 하버마스 철학의 전반적인 특징 몇 가지를 알아볼 수 있다. 우선 하버마스의 사회이론은 사회세계와 단순하게 상호작용하는 복수 주체에 대립하는 객체나 그 집합으로 사회세계를 묘사하지 않는다. 사회세계는 객체나 객체들의 집합이 아니며, 엄밀히 말해 우리 밖에 있는 무언가도 아니다. 반대로 사회세계는 우리가 살아가는 매체다. 사회세계는 우리가 생각하고 느끼고 행위하는 방식으로 우리 '안에' 있다. 우리가 사회세계 '안에' 있는 것과 똑같이 말이다. 이것이 바로 젊은 시절 하버마스가 하이데거와 대결하면서 배운 교훈이다.

　두 번째로 중요한 요점은 하버마스가 철학을 자연과학에 우위를 점하는 특권 있는 분과로 보지 않는다는 점이다. 철학의 과제는 철학에 필요한 재료를 마련할 때 자연과학 및 사회과학과 협업하는 것이다. 철학은 필요한 경우에 따라 하버마스가 말하는 '강한 보편주의적 주장을 제기하는 경험적 이론'에 우호적인 대리인 역할을 한다. 바꿔 말해 철학은 경험적 확증을 요구하는 가설을 제시함으로써 자연과학에 있는 틈새를 메우는 데 공헌한다(MCCA, 15). 마지막으로 하버마스의 사회이론은 사회현실의 상호주관적 차원에 우선성을 부여한다. 사회는 서로 구별되는 개별적 주체의 총합도, 부분이 전체의 목적에 봉사하는 유기적 통일체도 아니다. 하버마스가 말하듯이 사회는 '거대 주체'가 아닐뿐더러 심지어 통일적이거나 획일적인 것도 아니다. 5장에서 보듯이 사회는 개별적 행위자들이 상호작용하는 배경으로서, 구분되는 중첩적 영역으로 구성되는 복합적이고 다채로운 상호주관적 구조다.

하버마스의 화용론적 의미 이론

또한 적극적으로 볼 때 하버마스의 **언어적** 전환은 **화용론적** 전환과 같다. 하버마스는 화용론적 의미 이론이라는 특별한 종류의 의미 이론에 힘입어 사회이론을 변혁하고자 한다. 1970년대에 하버마스는 프랑크푸르트대학교의 동료 카를 오토 아펠Karl-Otto Apel의 영향을 받아 다음과 같은 입장에 도달한다. 즉 언어적 의미를 명제적 의미로 남김없이 설명할 수 없다. 혹은 의미는 '수행-명제 이중 구조performative-propositional dual structure'를 갖는다. 달리 표현하면 명제적 의미와 화용론적 의미는 밀접한 관련이 있다. 이 입장의 내용 및 하버마스 이론과의 관계를 알아보려면 각각을 분리해서 검토할 필요가 있다.

명제적 의미

오늘날 표준적인 의미 이론에 따르면, 문장의 의미는 그 문장의 진리 조건에 있으며, 문장의 의미를 이해하는 것은 문장을 참 또는 거짓으로 만드는 것이 무엇인지를 아는 것과 정확하게 같다. 진리 조건적 의미 이론the truth-conditional theory of meaning은 탄탄하고 유용한 이론임이 입증됐다. 우선 한 가지를 말하면 진리 조건적 의미 이론은 언어에 관한 놀라운 사실을 해명할 수 있다. 그 사실이란 유한한 수의 유의미한 단어, 구, 문법 규칙을 조합하여 무한한 수의 복잡한 유의미한 문장을 새롭게 만들어 낼 수 있다는 것이다. 게다가 이 점은 우리가 처음 접한 문장의 의미를 이해할 수 있는 이유를 설명해준다.

그러나 진리 조건적 의미 이론 모델의 한 가지 난점은 오직 명제적 부분이나 서술적 부분이라는 언어의 작은 귀퉁이에만 설득력 있어 보인다는 점이다. 이 모델은 '눈은 하얗다' 따위의 단언assertions을 훌륭히 다루지만 '처음 뵙겠습니다' 같은 표현은 썩 잘 다루지 못한다.[2] 표현 '처음 뵙겠습니다'의 의미를 알려면 문장 '처음 뵙겠습니다'가 참 또는 거짓이 되는 조건을 알아야 한다는 주장은 터무니없는 것 같다. 이처럼 문장이나 그 일부의 의미가 진리 조건에 달려 있다는 주장은 어색한 것 같지만 그래도 언어가 완전히 유의미한 사례는 많다. 이런 이유로 하버마스는 진리 조건적 의미론이 '기술주의적 오류descriptive fallacy'를 범한다고 생각한다. 진리 조건적 의미론은 언어의 일부 영역에서만, 즉 실제로는 서술적 기능 혹은 재현적 기능이 있는 명제에서만 잘 작동하는 의미 이론을 모든 언어에 들어맞

---

2 단언은 언어학, 논리학 등에서 단순히 어떤 명제의 참이나 거짓을 주장하는 진술을 말한다. '눈은 하얗다'는 진술은 '눈은 하얗다'는 명제가 참이라고 주장하는 단언이다. 반면 '처음 뵙겠습니다'는 단언이 아니다. 이 진술은 정말로 상대방과 처음 만났다는 명제가 참이라고 주장하는 것이 아니라 처음 만난 상대에게 인사말을 건네는 것이기 때문이다.

도록 확장하는 실수를 범한다. 하버마스가 화용론적 의미 이론을 선호하는 한 가지 이유가 바로 여기에 있다.

화용론적 의미

하버마스의 의미 이론이 화용론적 이론인 이유는 언어가 **말하는 바**가 아니라 언어가 **하는** 바에 초점을 맞추기 때문이다. 말하자면 하버마스의 이론은 언어 **사용**의 이론이다. 하버마스는 독일의 언어학 이론가 카를 뷜러Karl Bühler(1879-1963)가 제시한 언어의 정의에서 출발한다. 뷜러는 언어를 '한 사람이 세계에 관하여 누군가와 무언가를 의사소통하는 도구'로 정의한다. 그는 1인칭 관점, 2인칭 관점, 3인칭 관점 각각에 상응하는 기능을 언어에 부여한다. 구체적으로 보면 '인지적' 기능은 세계의 상태를 표현한다. '호소적' 기능은 수신자에게 요청을 제기한다. '표현적' 기능은 화자의 경험을 드러낸다. 뷜러의 도해는 의사소통의 삼원적 특성을 생생하게 보여준다.

　뷜러는 언어 사용의 모든 사례가 화자, 청자, 세계로 구성된 삼각관계를 포함한다는 사실과 언어 이론이 세 가지 모두를 온당하게 다루어야 한다는 사실을 역설한다. 하버마스도 이에 동의한다. 하버마스는 진리 조건적 의미 이론이 인지적 기능에만 배타적으로 초점을 맞추고 화자와의 관계와 청자와의 관계에 있는 다른 두 기능을 무시하는 잘못을 범했다고 생각한다. 그 결과 진리 조건적 의미 이론은 어떻게 우리가 다른 사람과 의사소통하고, 우리의 행위를 조정하는 다양하고 상이한 방식으로

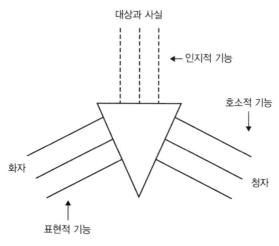

대상과 사실

← 인지적 기능

호소적 기능

화자

청자

표현적 기능

[표 2] 카를 뷜러의 언어 도구 모델

언어를 사용하는가를 적절하게 해명하지 못한다는 것이다.

하버마스는 이 견해를 발전시킨다. 그 방법은 대화speech의 화용론적 기능 덕분에 대화자가 공유된 이해에 도달하고 상호주관적 합의를 이룰 수 있다는 점을 논증하고, 나아가 화용론적 기능이 세계의 존재 방식을 지시하는 기능보다 우선성이 있다는 점을 논증하는 것이다. 진리 조건적 의미 이론이 의미를 담은 언어의 기본 단위가 명제라고 봤다면, 화용론적 의미 이론은 그 단위가 발화utterance라고 본다. 발화는 구체적 상황에서 특정한 이유로 화자가 청자에게 발화한 말, 가령 '창문이 열려 있네'로 이루어진다. 명제는 말이 표현하는 내용이나 생각이다. 예를 들어 여기서 명제가 표현하는 내용이나 생각은 **창문이 열려 있다**는 것이다.

실생활에서 명제는 항상 발화에 내장되어 있다. 하버마스가 진리 조건적 의미 이론을 즉각 거부하는 것은 아니다. 다만 하버마스는 첫째로, 진리 조건적 의미 이론이 의미를 일반적으로 해명할 수 있다는 사실을 부인하며, 둘째로, 진리 조건적 의미가 의미의 기본 유형이라는 사실도 부인한다. 대신 하버마스는 대화의 화용론적 기능을 분석하는 방법을 통해 의미와 이해의 만남이 최상의 모습으로 성사될 수 있음을 논한다.

> 한 사람이 무언가에 관하여 누군가와 이해에 도달하기 위해 언어적 표현을 어떻게 활용하는지를 알지 못한다면, 그 사람은 언어적 표현의 의미를 이해한다는 것이 무엇인가를 알지 못하는 것이다(OPC, 228).

합의와 동의

하버마스는 대화의 일차적 기능이 복수의 개별 주체 간의 행위를 조정하고 상호작용이 질서 있고 갈등 없이 이루어지는 보이지 않는 길을 제공하는 것이라고 논한다. 언어는 이 기능을 충족할 수 있는데, 언어에 내장된 목표 또는 목적은 상호이해에 도달하거나 합의를 이루는 데 있기 때문이다. 하버마스는 '상호이헤는 인간의 발화에 목석으로서 내재한다'는 점을 하나의 사실로 받아들인다(TCA 1, 287). 하버마스는 상호이해 또는 동의에 도달하는 과정을 가리키는 말로 독일어 단어 **이해**Verständigung를 쓰고, 이 과정의 결과로 도달한 합리적 이해 혹은 합의

를 가리키는 말로 독일어 구句 **합리적 동의**rionales Einverständnis
를 쓴다. 이 말들은 무언가를 누군가에게 이해시키는 것뿐만 아
니라 누군가와 동의에 이르는 것도 의미하는 동사 **의사소통하다**
/알리다/이해하다sich verständigen에서 왔다. 이 용어가 사회질서
를 해명할 때 핵심 용어임을 생각하면 이런 애매성은 중요하다.
아래에서는 '합의consensus'라는 단어를 편의상의 방편으로 사
용하되, 이 애매성을 시야에서 놓치지 않도록 유의해야 한다.

하버마스의 이론에 의하면 대화의 화용론적 의미는, 대화가
대화자 사이에 공유된 상호주관적 합의를 수립하는 기능을 수
행하는 방식에 있다. 여기서 합의는 대화자의 뒤따르는 행위의
기초를 형성한다. 하버마스가 보기에 대화가 이 기능을 수행하
는 것은 발화의 의미가 이유reasons에 달려 있기 때문이다. 나는
이 입장을 합리주의 논제rationalist thesis라고 부르는데, 의미가
이유에 달려 있다는 입장은 각양각색의 합리주의에 해당하기
때문이다. 하버마스는 이 입장을 '의미의 타당성 토대the validity
basis of meaning'라고 부른다. 이 표현은 좀 더 정밀한 표현이긴
하지만 한편으로는 하버마스가 '타당성'이라는 말을 특유의 용
법으로 쓰기 때문에 오해의 소지가 있다. 오해가 발생하는 까닭
은 하버마스가 '타당성'을 화용론적 의미로 쓰지, 형식논리학적
의미로 쓰지 않는다는 점에 있다. 명제 논리에서 똑같은 말인
'타당성'은 적형식well-formed formula 문장 간의 진리 보존적 추
론 관계를 가리킨다.[3] 하버마스가 말하는 타당성(Geltung 또는
Gültigkeit)은 다소 다른데, 여기서 중요한 관계는 이유와 합의의

긴밀한 관계, 혹은 하버마스의 표현대로 '이유들 간의 내적 관계'이다(TCA 1, 9, 301).

하버마스의 이른바 합리주의 논제는 발화의 화용론적 의미가 그 타당성, 즉 화자가 지지하는 바를 위해 제시하는, 합의를 가져오는 이유에 달려 있다는 점을 핵심으로 한다. 또한 하버마스는 행위, 발화, 명제의 의미가 본질적으로 공적이거나 공유된다고 주장한다. 그 까닭은 의미는 이유에 달려 있고, 이유는 본질적으로 공적이거나 공유되는 것이기 때문이다. 이 지점에서 어떻게 하버마스의 화용론적 의미 이론이 초기 작업과 비교할 때 훨씬 더 추상적인 이론적 수준에서 완전히 상이한 표현으로 공공성publicity이라는 주제를 개작하는지를 확인할 수 있다.

이제 이론을 자세히 살펴보자. 하버마스는 모든 진지한 화행speech-act이 진리 주장, 정당성 주장, 진실성 주장이라는 서로 다른 세 개의 타당성 주장을 제시한다고 논한다. 모두 앞 장 끝부분에서 살펴본 약속들이다. 타당성 주장은 말하는 행위를 할

---

3 적형식이란 논리학에서 일정한 문장 형성 규칙에 따라 적절하게 만들어진 문장을 말한다. 이를테면 'A & B ∨ C'('A 그리고 B 또는 C')는 적절한 문장 형성 규칙을 따르지 않아 적형식이 아니다. 그 결과 '(A & B) ∨ C'인지 'A & (B ∨ C)'인지 알 수 없어 애매하다. 이병덕, 『논리적 추론과 증명』, 이제이북스, 2015, 60면 참고. 문장 간의 진리 보존적 추론 관계란 전제가 참이면 결론이 필연적으로 참이 되는 논리적 관계를 말한다. 예를 들어 두 전제 '봄이 왔다'와 '봄이 오면 꽃이 핀다'가 참이면, 결론 '꽃이 핀다'는 필연적으로 참이다. 이 논증은 전제가 참이면 결론이 참이 되므로 논리적으로 타당성 있는 논증이다. 한편 타당성 있는 논증의 전제가 실제로 참이기까지 하면 그 논증은 건전성soundness도 얻는다.

때 언제나 이미 제기된 것으로 이해된다는 의미에서 **필수적**이다. 정말로 우리는 내가 진실하다는 사실, 내 말이 참되고 올바르다는 사실을 전제하고 다른 사람이 이 사실을 믿도록 만들지 않고서는, 내 말을 다른 사람이 이해하도록 할 수도 없고 유의미한 대화에 참여할 수도 없다.

정당화하겠다는 약속으로서 타당성 주장은 적절한 이유를 제시하겠다는 약속이다. 하버마스는 어떤 종류의 의사소통을 하더라도 화자는 세 가지 타당성 주장 모두를 제기한다고 주장한다. 화행의 유형에 따라, 예를 들어 단언인지, 요청인지, 고백인지에 따라 한 가지 타당성 주장만이 주제화되거나 청자의 주목을 받는다.

화자가 '눈은 하얗다'라고 말하며 발화의 진리성에 관해 타당성 주장을 제기할 경우, 화자는 눈이 하얗다고 믿을 만한 적절한 이유가 있다는 점과 필요하다면 이러한 이유에 근거하여 발화의 진리성을 청자에게 설득할 수 있다는 점을 시사하는 셈이다. 청자는 그 이유에 비추어 단언을 이해할 것이다. 보기보다 간단한 논지는 아니다. 문제는 이렇다. 내가 발화 '눈은 하얗다'의 진리성에 관해 타당성 주장을 제기할 때, 눈은 하얗다는 발화의 내용이 참이라고 주장하는 것인가, 아니면 '눈은 하얗다'라는 발화가 참이라고 주장하는 것인가? 처음에 하버마스는 그 답을 명시하지 않았다. 하버마스는 다음과 같이 주장한다. 화자는 '자신이 제시한 화행 제안을 청자가 받아들이도록 합리적 동기를 제공할 수 있는데, 왜냐하면 청자가 그 타당성 주장에 제기한 비판에 맞설 만한 설득력 있는 이유를 제공하리라고 **보증**할 수 있기 때문이다'(TCA 1, 302). 하버마스의 현재 입장은 발화의 내용과 발화 자체 모두가 참임을 동시에 주장한다는 입장이다.

정당성에 관한 타당성 주장은 말하자면 훨씬 복잡하다. 하버마스에 따르면, 내가 발화의 정당성에 관하여 타당성 주장을 제기할 때, 그 밑바탕에 있는 규범의 정당성에 관하여 주장을 제기한다. 예를 들어 내가 '절도는 그르다'라고 말하면, 나는 해석자에게 절도가 그르다는 점을 설득할 만한 이유를 제시할 수 있다고 암묵적으로 주장하는 셈이다. 이 대목에서 두 가지 문제가 있다. 첫째, 하버마스는 '절도는 그르다' 같은 도덕적 진술이 진정한 명제가 아니며 진릿값이 없다고 생각한다. '절도는 그르다'라고 말하는 것은 '절도하지 말라'를 간결하게 말하는 방식이고, '절도하지 말라'가 참이거나 거짓일 수 있다는 것은 말이 되지 않는다. 왜냐하면 우리는 명령에 참이나 거짓의 속성이 있다고 보지 않기 때문이다. 그래서 도덕적 발화인 '살인은 그르다'의 내용은 **살인은 그르다**는 명제인 것처럼 보이지만, 이는 단지 '살인하지 말라'는 명령에 표출되는 밑바탕 규범이 정당화된다고 우회적으로 말하는 것에 지나지 않는다. 여기서 정당성에 관한 타당성 주장이 밑바탕에 깔린 도덕규범의 정당성에 관한 주장, 즉 그 규범을 정당화하는 이유를 제공하겠다는 약속일 수밖에 없다는 결론이 나온다.

둘째 문제는 이때의 '정당성rightness'이 애매하다는 것이다.

정당성은 '적절하다', '정당화된다', '도덕적으로 허용된다' 아니면 '도덕적으로 요구된다'를 뜻할 수 있다. 정당성에 관한 타당성 주장을 제기하는 것은 주어진 상황에서 어떤 규범이 정당하다는 주장일 수도 있다. 또는 그 규범이 정당화된다는 주장일 수도 있다. 그것도 아니면 그 규범이 명시하는 행위가 허용 가능하거나 요구된다는 주장일 수도 있다. 하버마스는, 정당성에 관한 타당성 주장을 제기하는 것은 곧 밑바탕을 이루는 중대한 규범이 도덕의 영역과 밀접한 관련이 있는 특수한 유형의 이유에 근거하여 정당화된다고 주장하는 셈이라고 생각하는 것 같다. 그 규범이 주어진 상황에서 올바르게 적용될 때, 그 행위가 허용되는지, 금지되는지 혹은 요구되는지는 모든 관련된 사람에게 명백할 것이다.

지금으로서는 정당성에 관한 타당성 주장을 충분히 설명했다. 7장에서 이 주제를 다시 다룰 것이다. 합리주의 논제에 의하면 의미는 타당성에 의존한다. 왜냐하면 청자가 발화의 의미를 이해하기 위해서는 발화의 정당화와 밀접한 관련이 있는 이유를 고찰하고 수용하거나 거부할 수 있어야 하기 때문이다. 이 때 핵심은 진리가 아니라 이유와 타당성이 그 작업을 수행한다는 점이다. 하버마스는 명제의 의미를 이해하기 위해 명제의 참-거짓을 정하는 조건을 알아야 한다고 말하지 않는다. 그 대신 하버마스는 발화의 의미와 행위의 의미를 이해하기 위해, 이를 정당화하도록 적절하게 제시될 수 있는 이유를 고찰하고 수용하거나 거부할 수 있어야 한다고 주장한다. 하버마스의 말을 빌리면, "우리는 화행을 받아들일 수 있도록 하는 것이 무엇인지를 알 때 화행의 의미를 이해한다"(TCA 1, 297).

이해와 의미

지금까지 나는 하버마스의 형식화용론을 의미 이론으로 제시했다. 독자들은 아마도 의미의 문제와 이해의 문제를 나란히 논의했다는 점을 눈치챘을 것이다. 이 점은 하버마스의 새로운 사회 이론 접근이 부분적으로 의미 이해의 문제를 해결하기 위해 고안됐다는 점을 생각하면 놀라운 일은 아니다. 하버마스는 의미 이론이 이해에 관한 이론이기도 해야 한다고 생각한다. 그렇지 않으면 화자가 청자에게 이해의 대상을 제시하는 맥락으로부터 의미의 문제가 추상되고 만다. 달리 말하면 하버마스는 의미가 상호주관적인 것이지, 객관적인 것이라고 보지 않는다. 하버마스의 의미 이론은 의식철학의 거부라는 발상을 사례로 보여준다는 점에 주목하라. 하버마스가 보기에 의미는 화자가 외부 세계와 맺는 관계가 아니라 화자와 해석자가 맺는 관계에 따라 결정된다. 즉 의미는 본질적으로 객관적이지 않고 상호주관적이다. 의미는 말과 사물 사이의 양극bipolar 관계가 아니다.

하버마스의 입장에서 발화의 의미를 이해하는 요인으로 네 가지가 있다.

1. 문자 그대로의 의미 인식
2. 화자의 의도에 관한 청자의 평가

3. 발화와 그 내용을 정당화하기 위해 제시될 수 있는 이유
   에 관한 지식
4. 그러한 이유의 수용과 따라서 발화의 적절성 수용

맑은 겨울날, 요크York에 사는 내가 이웃에게 '시드니는 비가
와요'라고 말한다고 해보자. 이웃은 발화의 문자 그대로의 의
미, 즉 진리 조건을 인식하지만 그것만으로는 발화를 이해했다
고 말할 수 없다. 내 말의 요점을 파악하지 못했기 때문이다. 이
웃이 내게 호주로 이민을 생각한다고 말한 적이 있다고 가정하
자. 이제야 이웃은 내 의도를 알아차릴 수 있다. 남의 떡이 커
보이기 마련이라고 친절하게 조언한 것일 수도 있다. 만약 이웃
이 내가 전한 기상 정보에 근거가 없다고 생각한다면, 당황하여
내 말을 믿지 않을 수도 있다. 이번에는 내가 호주에 사는 형제
와 통화하는 모습을 이웃이 봤다고 가정하자. 비로소 이웃은 내
발화를 지지하는 이유를 고찰하고, 그래서 완전히 내 발화를 이
해했다. 이를 위해 이웃은 발화 배후에 있는 이유를 고찰하고
수용한다. 또는 발화의 진리에 관한 타당성 주장을 인정한다.

반론

하버마스의 의미 이론에는 다른 프로그램보다도 심각한 비판이
쏟아졌다. 우리는 앞서 몇 가지 까다로운 의문을 제기한 바 있
다. 진리에 대한 타당성 주장은 무엇과 관련이 있는가? 단언인
가, 단언의 내용인가, 둘 다인가? 정당성에 대한 타당성 주장은

무엇과 관련이 있는가? 발화인가, 행위인가, 밑바탕에 깔린 규범인가? 여기서 작동하는 정당성의 개념은 무엇인가? 이들 비판에 대응하며 형성된 무수한 구불구불한 길에 들어설 수는 없다. 하지만 잠깐 멈춰서 가장 심대한 반론 두 가지를 다루지 않고 화용론적 의미 이론을 지나쳐버리면 우를 범하는 것이다.

첫 번째 반론의 핵심은 하버마스의 용어인 **이해**Verständigung와 **동의**Einverständnis의 의미가 애매하다는 점이다. 사회질서가 공유된 이해와 의미에 의존한다는 주장은 사회질서가 상호주관적 동의에 의존한다는 주장과 전혀 다른 말이다. 공유된 이해와 공유된 의미는 동의에는 미치지 못할 수도 있다. 계약주의자를 비롯한 많은 사회이론가는 사회질서가 동의에 의존하며, 이 동의를 지킬 이유가 있다고 주장해왔다. 그러나 사회질서가 공유된 이해와 의미에만 의존한다는 주장은 무언가 다른, 옳다고 보기에는 너무나도 놀라운 주장이다. 하버마스는 사회 구성원이 단지 서로가 전하는 의미를 이해한다는 이유만으로 동일한 사회적 규칙과 도덕적 규칙을 따른다는 그릇된 추론을 한다고 비난받았다.

두 번째 반론은 진리, 정당성, 진실성이라는 세 가지 구별되는 타당성 주장이 있다는 논쟁적 입장을 공격한다. 하버마스는 오직 진리 조건적 의미라는 한 가지 의미만이 있다는 생각과 '어떻게 지내요?'나 '절도하지 마라!' 같은 진리 조건 없는 문장이 기술적인 의미에서 무의미하다는 생각을 거부한다. 그러나 타당성 주장의 세 유형이 표현하는 세 종류의 서로 다른 의미가 있다는 하버마스의 대안은 훨씬 더 매력 없어 보인다. 이를 보여주기 위해 혼합 문장의 사례를 보자. '그 여자가 내 뺨을 때렸거든. 미친 거 같아(She slapped me in the face, which was out of order).' 앞부분은 진리에 대한 타당성 주장을, 뒷부분은 정당성에 대한 타당성 주장을 제기하는 듯하다. 그러면 우리는 전체 문장의 의미를 어떻게 이해할 수 있을까? 자연 언어는 이음매 없이 규범적 특징, 인식적 특징, 표현적 특징을 혼합한다. 예컨대 '저 학생이 내 책을 표절했어!'라고 말하면서 사실을 보고하고, 규범 위반에 반감을 표현하고, 주관적 감정을 드러내는 일을 한꺼번에 해낸다. 이해에 관한 하버마스의 이론은 이러한 다양한 측면을 따로따로 떨어뜨려서 상이한 타당성 차원에 할당하는 것으로 보인다.

위 비판이 훌륭하게 적중하긴 하지만, 우리는 하버마스가 언어·의미·진리 탐구를 사회이론의 예비적 고찰로 구상하고 있음을 기억해야 한다. 하버마스는 사회이론이 의미론과 이해이론에 어떻게 기여하는지보다 의미론과 이해이론이 사회이론에 어떻게 기여하는지에 훨씬 지대한 관심이 있었다. 그래서 자신의 목적에 유익하게 써먹을 수 있는 언어철학의 조각을 선별하는 경향을 보인 것이다. 우리는 하버마스의 의미 이론에 오류나 오해가 있다는 근거로 하버마스의 철학 전체를 기각하고픈 유혹에 빠져서는 안 된다. 오히려 우리는 구체적으로 화용론적 의미 이론의 어떤 통찰 덕에 하버마스가 사회이론, 도덕이론, 정치이론을 전개할 수 있었는가에 초점을 맞추어야 한다.

의사소통과 논증대화

의사소통적 행위와 논증대화 discourse의 개념은 하버마스의 화용론적 의미 이론과 사회이론 및 도덕이론을 이어주는 핵심 고리를 제공한다. 지금까지의 요점은 화행의 의미가 그 타당성 주장에 달려 있다는 점이었다. 타당성 주장의 기능은 화자가 해석자에게 발화의 수용을 설득할 만한 뒷받침하는 이유를 제시할 수 있다고 보증하거나 보장하는 데에 있다. 대개 그 보장은 청자가 암묵적으로 수용하며 상호작용을 조정하기에 충분하다. 이 점은 의사소통적 행위의 성공에 기여한다. 어떤 사람이 단순한 언어적 요청을 이해하고 따를 때, 화자와 청자는 함께 합의에 도달함으로써 의사소통에서 행위로 매끄럽게 넘어가며, 타당성 주장은 행위를 암묵적으로 조정한다.

하지만 의사소통에 실패하면 어떤 일이 일어나는가? 즉 청자가 타당성 주장을 거부하면 어떤 일이 일어나는가? 청자가 화자에게 뒷받침하는 이유를 제시하여 타당성 주장을 보충하라고 요구할 경우, 화자는 불일치로 인해 행위 상황에서 논증대화 상황으로 넘어갈 수밖에 없는 처지가 된다. 논증대화는 의사소통에 대한 의사소통, 말하자면 행위 상황에서 지장이 생긴 합의를 숙고하는 의사소통이다. 나음과 같이 가정해보자. 당신이 내게 사무실에 같이 있을 때는 담배를 피우지 말라고 요구하자 나는 당신도 흡연자인 걸 뻔히 안다는 이유로 요청에 이의를 제기한다. 이때 아마 당신은 최근에 금연을 시작했고 다시 유혹에 빠지고 싶지 않다고 답할 수도 있다. 이 지경이 되자 나는 당신의 이유를 수용하고 담뱃불을 끌 것이다. 하버마스가 보기에 우리는 (제아무리 간략하더라도) 논증대화에 진입하여 합리적 동기에 따른 합의rationales Einverständnis에 도달했고 결국에 행위의 맥락으로 부드럽게 복귀했다.

논증대화와 관련하여 주목해야 하는 중대한 요점은 네 가지다. 첫째, 논증대화는 언어나 대화의 동의어가 아니라 합리적 동기에 따른 합의에 도달할 목적으로 이루어지는 대화의 반성적 형식을 일컫는 전문 용어다(TCA 1, 42). 원칙적으로 논증대화는 당분간 아무런 현실적 합의가 기대되지 않아도 항상 합리적 동기에 따른 합의를 목표로 삼는다. 둘째, '논증대화'라는 용어는 철학자와 현학자衒學者가 흔히 하는 특수하고 보기 드문 형태의 언어적 활동을 가리키지 않는다. 논증대화는 일상생활의 망에 내장된 논증과 정당화라는 공통 실천을 추출한 것이다. 그렇지만 논증대화는 그저 수많은 언어게임 중의 하나가 아닌데, 하버마스에 따르면 논증대화는 사회세계에서 특권적 입장을 누리기 때문이다. 하버마스는 논증대화가 근대 사회에서 발생하는 일상적 갈등을 규제하는 기본 메커니즘이라고 추정한다. 이 추정은 관찰에 근거한 경험적 추정이다. 논증대화의 기능은 실패한 합의를 갱신하거나 복구하여 사회질서의 합리적 토대를 재확립하는 것이다. 이 주장은 논증대화의 실천을 분석한 내용을 근거로 삼는 재구성적 주장이다.

셋째, 논증대화의 개념은 타당성 주장의 개념과 대단히 긴밀한 관련이 있다. 논증대화는 청자가 화자에게 타당성 주장을 보충하라고 제기하는 이의에서 시작한다. 진리, 정당성, 진실성이라는 세 가지 유형의 타당성 주장이 있으므로, 세 가지 상응하는 논증대화의 유형으로 이론적 논증대화, 도덕적 논증대화, 미학적 논증대화가 있다.

[표 3] 논증대화의 세 가지 유형

　이를테면 금연 요청에서 제기되는 정당성에 대한 타당성 주장을 보충하고자 수행하는 논증대화는 하버마스의 이론에서는 도덕적-실천적 논증대화다. 진리에 대한 타당성 주장에 이의가 제기되면서 부각되는 논증대화는 이론적 논증대화. 물론 여기서 말하는 '이론적'이라는 말이 통상의 경우보다 훨씬 넓은 의미라는 점에 유의하자.

　마지막으로 넷째, 논증대화는 매우 복합적이고 정련된 실천으로, 막무가내로 말하는 실천이 아니다. 그 까닭은 논증이 아래에서 살펴볼 인지 가능하고 공식화할 수 있는 특정한 규칙에 있는 실천이기 때문이다. 하버마스는 이들 규칙을 논증대화의 '이상화하는 화용론적 전제조건' 또는 줄여서 '논증대화 규칙'

이라고 부른다.

논증대화 규칙

하버마스는 세 수준의 규칙을 규명한다. 첫째 수준에는 기본적인 논리적 규칙과 의미론적 규칙이 있다. 무모순 원칙과 일관성 요건이 첫째 수준에 속한다(MCCA, 86). 둘째 수준에는 절차를 규제하는 규범이 있다. 모든 참여자는 자신이 진실로 믿는 주장만을 할 책임이 있다는 진실성 원칙과, 참여자는 요청이 있을 시 자신의 주장을 정당화하거나 정당화하지 않는 이유를 제공할 책임이 있다는 해명 책임의 원칙이 둘째 수준에 속한다. 셋째 수준에는 논증대화 과정을 강제, 억압, 불평등에서 면역되게 하고 '보다 나은 논증의 강제 없는 강제'만이 지배하도록 보장하는 규범이 있다. 이러한 규칙은 다음과 같다.

1. 말하고 행위할 수 있는 능력이 있는 모든 주체는 논증대화에 참여하도록 허용된다.
2. a) 모든 사람은 어떤 주장에도 의문을 갖는 것이 허용된다.
   b) 모든 사람은 논증대화에 어떤 주장도 제기하는 것이 허용된다.
   c) 모든 사람은 자신의 태도, 욕망, 필요를 표현하는 것이 허용된다.

3. 어떤 화자도 내적 강제나 외적 강제로 인해 상기한 1과
   2에 나타난 권리를 행사하지 못해서는 안 된다.

(MCCA, 89)

하버마스는 논증대화 규칙을 논증대화 실천의 암묵적 전제조
건이라는 점에서 '화용론적 전제조건'이라고 부른다. 논증대화
규칙은 어딘가에 적힌 스크래블이나 체스의 규칙과는 다르며,
언어의 구문론적 규칙과 닮았다. 우리는 그 규칙이 무엇인지 말
하지 못하며 우리가 따르는 규칙을 알지 못해도 완벽하게 이 규
칙을 따를 수 있다. 논증대화의 화용론적 전제조건은 이유를 주
고받는 논증대화에 참여하는 어느 누구도 전제하기를 피할 수
없다는 점에서 **필수적**이라고 하버마스는 역설한다.

논증대화에 진입한다는 말은 곧 진실하기를 약속하고 자신의
발화를 정당화하는 한편, 모순을 범하지 않고 다른 참여자를 배
제하지 않는다는 등의 말과 똑같다. 화용론적 전제조건은 또 다
른 의미에서 필수적이다. 근대 사회의 행위자에게는 갈등을 해
결하는 방법으로 의사소통과 논증대화 외에 가용한 대안이 없
다. 화용론적 전제조건은 사회 구조와 개인의 인격에 너무나도
깊이 스며들어 있다.

마지막으로 논증대화 규칙은 참여자가 합리적 동기에 따른
합의의 이상을 지향하도록 한다는 점에서 **이상화**다. 모든 당사
자의 목소리를 경청하고 어떤 논증도 자의적으로 검토되지 않
는 일이 없으며 보다 나은 논증의 강제만이 지배하는 논증대화

는, 성공하기만 한다면 모든 사람이 수용할 수 있는 이유에 근거하는 합의를 낳을 것이다. 실제 생활에서는 시간이 한정되고 참여자들이 오류를 저지르기 십상이기에 논증대화는 이 이상을 다소간 근사적으로만 충족할 뿐이다. 그래도 논증대화 규칙은 여전히 포용성, 포괄성, 기만·강제의 부재를 보장하는 규제적 효과가 있다. 이 이상은 규제적이지만, 이 이상이 각인된 논증 실천이 실제적인 한에서 실제적이기도 하다.

어떻게 해야 논증대화 규칙을 규명할 수 있는지는 난제다. 하버마스는 수행적 자기모순performative self-contradiction이라는 장치를 사용하여 각 규칙이 논증대화의 진정으로 불가피한 전제조건이라는 점을 입증할 수 있다고 생각한다. '비가 내리네. 하지만 나는 비가 내린다는 사실을 믿지 않아' 또는 '눈은 하얗다. 하지만 눈이 하얗다는 것은 참이 아니다' 같은 문장은 모순적이다. 이 문장을 발화하는 화자는 문장의 내용이 명시적으로 부인하는 진리 주장을 암묵적으로 제기하기 때문이다. 하버마스는 이런 문장의 화용론적 의미가 명제적 의미와 모순된다고 주장한다. 하버마스는 비슷한 방식으로 '우리는 특정인을 논증대화에서 배제함으로써 합리적 동기에 따른 합의에 도달했다' 따위의 문장이 수행적 자기모순을 포함한다고 논한다. 이러한 방식으로 수행적 자기모순의 장치는 규칙 1을 정당화하는 데 이용할 수 있으며, 각각의 논증대화 규칙에 관해서도 마찬가지다. 한 규칙이 진정한 논증대화 규칙인지의 여부는 그 규칙을 명시적으로 부인했을 때 수행적 모순이 발생하는지를 살펴봄으

로써 확인할 수 있다

타당성, 진리, 정당성의 개요

합의 논제, 합리주의 논제, 논증대화 개념이라는 다양한 조각을 결합하면 하버마스의 화용론적 타당성관을 좀 더 예리한 초점으로 조망할 수 있다. 이를 조망하는 가장 깔끔하고 분명한 방법은 다음과 같은 타당성-합의 조건문 validity-consensus conditional을 검토하는 것이다.

> V → C: 임의의 발화 p에 관하여, p가 타당하다면 p는 합리
> 적 동기에 따른 합의를 얻을 수 있다.

이 공식은 하버마스가 밑바탕으로 삼는 타당성 개념의 구조를 좀 더 형식적으로 표현하기 위한 것이다. 주의할 점은 하버마스의 저술에서는 이 공식이나 다음에 나올 두 공식을 찾을 수 없다는 점이다. 공식들은 타당성, 진리, 정당성을 대상으로 하는 하버마스의 다소간 흩어지고 분산된 언급을 포착하고 이 개념들 간의 관계를 명료하게 하기에 간결하고 유용한 방법이다.

의미 있는 발화를 하거나 의사소통을 하는 것은 곧 타당성 주장을 제기하고, 위에서 언급한 규칙에 따라 수행하는 논증대화의 참여자가 받아들일 수 있는 이유를 제시하는 것이다. 하버마

스는 진리가 아니라 타당성이야말로 의미 이론의 근본 개념이라고 주장하며, 나아가 진리 자체를 이 근본적인 타당성 개념 일반의 구체화로 이해할 수 있다고 역설한다. 하버마스의 요지는 진리 개념이 이유와 동일한 관계에 있으며 마찬가지로 합의를 도출하는 화용론적 기능을 한다는 점이다.

T → C: 임의의 발화 p에 관하여, p가 참이라면 p는 합리적 동기에 따른 합의를 얻을 수 있다.

게다가 하버마스는 정당성도 근저에 깔린 기본 개념의 구체화로 이해할 수 있다고 논한다. 그러므로 정당성의 개념은 약간 다른 공식으로 표현할 수 있다.

R → C: 임의의 규범 n에 관하여, n이 옳다면 n은 합리적 동기에 따른 합의를 얻을 수 있다.

이를테면 내가 도덕적 발화를 하면 그 기저에 깔린 행위규범을 암묵적으로 지지하는 셈이다. 'p'를 단언하는 행위를 할 때 p가 참이라는 약속을 하는 것과 똑같이, '도둑질은 그르다'라는 문장을 발화할 때 나는 **도둑질하지 말라**는 기저에 깔린 규범을 지지하는 셈이다. 기본 입장은, 한편으로 단언, 도덕적 행위, 화행이, 다른 한편으로 명제와 수행 표현performatives이라는 상이한 타당성 차원이 동일한 구조를 이루며 동일한 화용론적 기능을 한다는 것이다.

하버마스는 진리 개념과 정당성 개념이 유비 관계를 이루고, 위에 나온 공식은 그러한 유비가 어떤 것인지를 보여준다고 결론 내린다. 진리와 정당성의 유비는 좌변에 있는 타당성, 진리, 정당성과 우변에 있는 합리적 동기에 따른 합의가 결합한 조건문에서 찾을 수 있다. 타당성, 정당성, 진리를 주장하는 그 무엇도 적절하게 수행된 논증대화 참여자의 승인을 얻을 수 있다. 이 연결 관계는 오직 특화된 화용론적 의미에서, 말하자면 화자, 청자, 곧 행위자 일반이 이 연결 관계를 회피할 수 없다는 의미에서 '필연적'이다. 연결어 '~면 ~이다'는 논리적 함축이 아니라 화용론적 함축을 가리킨다.

마지막으로 하버마스는 이 유비 관계를 해명한다. 진리와 정당성이 유비 관계를 맺는 이유는 둘 다 올바름correctness에 관한 단일한 근본 규범의 구체화이기 때문이다. 진리와 정당성은 타당성 속屬의 종種이다. 뒤에서 정당성 및 진리와 정당성의 관계, 그리고 논증대화 개념을 더 풍성하게 논할 것이다. 지금은 우선 사회이론 프로그램을 본격적으로 다룰 차례다.

4장

사회이론 프로그램

하버마스 사회이론의 기본 물음은 이렇다. 사회질서는 어떻게 가능한가? 그의 답은 다음과 같다. 근대 세속 사회에서 사회질서는 주로 타당성 주장으로 조정되는 행위인 의사소통적 행위와 논증대화를 기초로 하며, 의사소통적 행위와 논증대화는 더불어 사회통합을 확립하고 유지하도록, 사회를 끈끈히 묶는 접착제를 제공한다. 이를 위해 하버마스는 상호 지지하는 두 부분으로 구성된 이론을 전개하는 길을 택한다. 두 부분이란 거칠게 보아 『의사소통행위이론』 제1권과 제2권에 대응한다. 첫째 부분은 주로 개념적이다. 하버마스는 의사소통적 행위와 도구적 행위-전략적 행위를 범주상으로 구별한 후, 후자가 전자에 기생적임을 보이고자 한다. 둘째 부분은 사회 존재론으로, 사회는 어떤 모습이고 어떻게 구성되는가를 설명하는 이론이다. 하버마스는 근대 사회가 생활세계와 체계라는 두 가지 기본적인 사회 영역으로 이루어져 있다고 주장한다. 생활세계와 체계는 상대 개념이자 각각 의사소통적 행위와 도구적 행위의 거처다.

개념적 논증

하버마스는 의사소통적 행위와 도구적 행위 및 전략적 행위를 구별한다. 여기서 나는 도구적 행위와 전략적 행위를 같은 쪽에 놓는다. 그러나 실제로는 도구적 행위와 전략적 행위 사이에 중요한 차이가 있다. 하버마스에 따르면 한 행위가 도구적 행위인 경우는 개별 행위자가 추구하는 목적을 실현하기 위한 수단으로서 무언가를 할 때다. 전략적 행위는 타인에게 자신의 목적을 실현하기 위한 수단으로서 무언가를 하도록 하는 일종의 도구적 행위다. 요지는 둘 다 의사소통적 행위와 다르다는 점이다.

도구적 행위는 주어진 목적을 이루는 최선의 수단을 계산하는 도구적 추론의 실천적 결과다. 하버마스는 도구적 행위에 두 가지 규준이 있다고 논한다. 첫째, 행위의 목적은 그 실현을 위한 수단에 선행하여 독립적으로 결정된다. 둘째, 행위의 목적은 객관세계에 인과적 개입causal intervention을 감행함으로써 실현된다. 의사소통적 행위는 이 규준을 충족하지 않는다. 왜냐하면 의사소통적 행위에 내재한 목적인 타당성 주장의 인정과 수용은 그 실현의 수단인 대화와 독립하여 결정될 수 없고, 인과적으로 야기할 수 있는 무언가가 아니기 때문이다.

그 이유를 알아보기 위해 3장의 사례를 다시 보자. 당신은 내가 담배를 피우지 않도록 하기 위해 내게 소화기를 가리키면서 '담배 피우면 이걸로 꺼 버릴 거야'라고 말할 수 있다. 나는 당신의 위협을 진지하게 받아들일 이유가 충분하고, 물에 빠진 생쥐 같은 꼴이 되기는 원치 않는다고 가정하자. 그래서 당신은 성공적으로 나를 순응하도록 만들었다. 하지만 내가 한 순응은 통상적인 의미에서 자발적이지 않은데, 내가 실제로 거부하기를 택할 수는 없었기 때문이다. 그러므로 당신은 내가 당신의 요구에 순응하도록 만들거나 강제한 셈이다. 3장에서 묘사한 대안 시나리오의 경우, 담배를 꺼달라는 요청을 뒷받침하고자 제시한 이유를 내가 수용했기에 당신은 성공했다. 즉 당신의 요청에 내가 순응한 것이다. 이와 같이 수용하거나 합의를 획득한 결과는 당신이 야기한 것이 아니라, 말하자면 내가 쌍방의 과정에 참여하도록 초대한 결과다. 하버마스는 의사소통적 행위와 도구적 행위가 구별되는 행위 유형이라는 논지뿐만 아니라 두 행위가 기본적이고 서로 환원할 수 없는 행위 유형이라는 논지도 주장한다. 이 구별은 개념적이면서 동시에 현실적이다. 행위를 이해하는 두 가지 방식과 실제 행위자가 사회세계에서 상호작용할 수 있는 두 가지 방식이 있다.

논증의 둘째 단계는 좀 더 파악하기 어렵다. 하버마스가 희망하는 결론은 뚜렷하지만 그 결론을 뒷받침하는 논증은 그렇지 않다. 우선 하버마스는 사회를 적절하게 설명하려면 의사소통적 행위 개념이 설명의 핵심 개념이 되어야 한다는 점을 보이고자 한다. 다음으로 현실 세계에서 모든 성공적 행위는 합의에 도달하는 능력에 달려 있음을 보이고자 한다. 마지막으로 하버마스는 화행이론을 분석한다. 특히 **발화수반적 효과**illocutionary effects와 **발화수단적 효과**perlocutionary effects의 구별이 초점이 된다. 일상언어철학의 창시자 중 한 명인 옥스퍼드대학교 철학자 존 오스틴John Lanshaw Austin(1911-1960)이 이 구별을 처음으로 도입했다. 늘상 그렇듯이 하버마스는 이 구별을 자신의 목적에 맞게 적용한다. 하버마스에 의하면, 화행의 **발화수반적** 효과는 합리적 동기에 따른 합의를 이끌어내거나 혹은 합의에 도달함으로써 내가 담배를 피우지 않도록 하는 등의 목적을 달성하는 것이다. 앞선 사례는 이 점을 훌륭하게 보여준다. 당신의 발화에 담긴 **발화수반적** 목적은 내가 담배를 피우지 않도록 하는 것에 그치지 않고, 내가 당신의 요구를 타당하거나 합당한 것으로 받아들이도록 하는 것 **그리고** 자발적으로 그 요구에 순응하도록 하는 것도 포함한다. 반면 **발화수단적** 효과는 이해의 형성을 제외한 화행의 효과다. 나는 당신에게 경고함으로써 무언가를 알리거나 놀라게 할 수도 있다. 발화수단적 효과는 숨은 효과이나, 좋을 수도 나쁠 수도 둘 다 아닐 수도 있다.

하버마스는 화행이 자기 해석적self-interpreting이라고 논한다. 길에서 내게 달려오는 사람을 본다고 하자. 그 사람은 도망치는 중일 수도, 어디를 바삐 가는 중일 수도, 운동 중일 수도 있다. 보통은 행동거지나 겉모습을 보고 이 사람에게 특정한 명제태도를 부여함으로써 행위를 해석할 것이다. 2장에서 본 나뭇꾼 사례와 똑같이 말이다. 화행을 이용하면 이럴 필요가 없다. 화행의 발화수반적 목적은 훤히 드러나 있어서 확인할 수 있기 때문이다. 세미나에서 내가 창가 쪽 학생에게 창문을 열어달라고 부탁하면, 그 학생은 내 목적을 알고 내 동기를 잘 이해할 것이다. 내 화행은 내 의도와 목적을 드러낸다. 이번에는 숨은 목적이나 발화수단적 효과를 얻고자 발화를 전략적으로 활용할 수도 있다. 나는 그럴듯하게 두렵고 걱정스러운 목소리로 '불이야!'라고 소리쳐 도서관에 있는 사람들을 대피시키려 할 수도 있다. 이 시도가 성공하려면 반드시 청자는 내가 정말로 화재를 경고한다고 생각해야 한다. 청자는 내 **말**을 이해할 수 있지만 그 발화로 하는 내 진짜 **행동**은 알지 못한다. 이는 내 발화의 발화수단적 목적이 다른 사람이 볼 수 있도록 드러나 있지 않아서다. 청자가 내 발화의 진짜 의미를 알려면 내 잠재된 혹은 숨겨진 전략적 목적에 어떻게든 접근할 수 있어야 한다. 그러나 우리는 오직 발화수반적 화행의 방법을 통해서만 그 접근권을 얻을 수 있다. 하버마스의 화행 분석이 의도하는 바는 발화수반적 목적이 원칙상 볼 수 있도록 드러나 있기에 이론적으로나 실용적으로나 발화수단적 목적보다 기본적임을 보여주는 데 있다. 하버마스는 이 논지를 도구적 행위 및 전략적 행위 일반으로 확장하여 기본적이고 자립적인 의사소통적 행위와 달리 두 행위가 의사소통적 행위에 기생적이라고 추론한다. 하버마스 입장에서 내게 소화기를 분사하겠다는 당신의 위협은 필요한 효과를 내지만, 나는 당신의 행위를 뒷받침하는 이유를 이해하고 받아들이기 전까지는 그 행위를 완전히 파악할 수는 없을 것이다.

하버마스의 분석은 논란의 소지가 있고 그 추론 경로를 따라가기 어렵다. 하지만 우리는 하버마스가 향하는 결론을 확인할 수 있다. 즉 화행의 의미와 행위 일반의 의미는 도구적으로 이해할 수 없다. 이 점이야말로 하버마스가 사회질서의 개인주의적 해명 및 도구적 해명에 반대하여 제시하는 논증의 핵심이다. 원자론적·도구적 사회상은 행위자 간에 나타나는 의사소통 현상을 해명하지 못하며, 따라서 의사소통이 사회에 가져오는 통합 효과를 시야에서 놓친다. 비로소 우리는 왜 하버마스가 행위의 의미 이해 문제에 대한 표준적 답이 그릇된 의미 이론과 합리성을 바라보는 잘못된 상을 결합한다고 생각했는지를 충분히 이해할 수 있다. 표준적 입장에서 행위의 의미는 외적 행동을 기초로 고독한 개인에게 부여한 명제태도의 진리 조건과 각 개인의 머릿속에서 수행한 논리적 연역에 달려 있다. 그 결과 각자 자신의 목적을 추구하는 최상의 방법을 계산하는 고독한 개별 추론자의 집약이라는 잘못된 사회상이 나온다. 이 사회상은 인간이 본질적으로 자기 본위적 존재라고 보는 인간학적 통념과 맞아떨어진다. 고대 그리스에서 시작해 초기 근대철학을 거쳐 오늘날에 이르기까지 이런 견해가 이어지고 있다. 홉스나 합리적 선택이론의 영향을 받은 근대 사회이론도 비슷한 사고방식으로 사회를 이해한다. 하버마스가 보기에 그와 같은 접근은 의사소통과 논증대화가 행위자 간의 사회적 유대감을 형성하는 중대한 역할을 간과하며, 결국 인간 공동체를 바라보는 부적절한 관점으로 귀결된다.

사회 존재론

하버마스의 사회 존재론social ontology은 20세기 후반 사회의 요소를 다루는 이론이다. 하버마스의 이론에서 중심을 이루는 것은 생활세계와 체계의 구별로, 생활세계lifeworld와 체계system는 고유한 규칙, 제도, 행동 패턴 등으로 각각 구별되는 사회 영역이다. 생활세계와 체계는 의사소통적 행위와 도구적 행위 각각의 거처이며, 여기서 재차 하버마스는 체계가 생활세계에 의존한다고 논한다. 두 영역의 관계를 논하기에 앞서 두 용어를 좀 더 긴밀하게 검토할 필요가 있다.

생활세계

생활세계는 우리가 타인과 공유하는 일상 세계를 위한 개념이다. 이 개념은 훗날 하이데거를 지도하고 현상학을 창시한 독일 철학자 에드문트 후설(1859-1938)이 처음으로 사용했다. 후설은 자연과학의 객관화·수량화하는 이론적 관점과 일상인이 세상을 바라보는 자연스러운 전이론적pre-theoretical 태도를 대비하고자 이 용어를 썼다. 하버마스도 유사한 용례로 쓴다. 하버마스에게 생활세계는 비공식적이고 시장화되지 않은 사회적 삶의 영역을 가리킨다. 가족과 가정, 문화, 조직화된 정당 바깥에 있는 정치적 삶, 대중매체, 자발적 결사체 등이 여기에 속한다.

이 규제되지 않은 사회 영역은 공유된 의미와 이해의 저장고를 제공하며, 타인과 마주하는 일상적 경험의 사회적 지평을 이룬다. 이 지평은 의사소통적 행위가 이루어지는 배경이다. 이 지평을 현상학적으로 비유해보면 유익할 것이다. 지평은 정상 조건에서 인간의 시야 영역에 한계를 긋는다. 시야 영역은 통일 되어 있지만 총체는 아닌데, 단번에 그 전체를 파악할 수 없기 때문이다. 우리는 오직 한 번에 한 방향만을 볼 수 있기에 전 지평을 시야에 넣을 수 없다. 또한 지평은 관점적perspectival이 다. 우리가 움직이면 경계도 조금씩 따라 움직인다. 반면 기하 학적 도형의 경계나 토지는 고정되어 있고 측정할 수 있다.

이와 유비할 때, 생활세계의 공유된 의미와 이해는 통일성을 이루지, 총체를 이루지 않는다. 이 통일성의 망에서 일부가 주 제화되거나 시야에 들어올 수는 있지만, 전체가 단번에 주제화 될 수는 없다. 생활세계의 내용은 변하고 수정될 수 있다. 하지 만 생활세계에서 일어나는 변화는 필연적으로 단편적이고 점진 적일 수밖에 없다. 비록 점진적인 변화라도 근본적이고 철두철 미할 수 있다는 점에 주목하라. 결국 생활세계의 모든 부분이 수정되거나 대체되면 안 될 원칙적 이유는 없다. 이 점이 생활 세계와 언어가 공유하는 특징으로, 이는 의사소통이 생활세계 의 매체이기에 결코 우연한 특징이 아니다. 빈학파의 언어철학 자 오토 노이라트Otto Neurath(1882-1945)는 우리가 처한 언어 적 상황을 인상적으로 묘사하는 생생한 상을 구상했다. 우리는 망망대해에서 보트를 타고 있다. 우리가 보트를 드라이 독dry dock으로 끌고 가 외부에서 점검할 수는 없지만, 썩은 판자를 하나씩 교체하여 잘 떠 있을 수 있도록 만들 수는 있다. 생활세계도 마찬가지다. 하버마스의 구도에서 생활세계라는 보트를 해상수리하는 과제는 의사소통적 행위 및 논증대화의 몫이다.

생활세계는 여러 기능을 한다. 먼저 행위의 맥락을 제공한다. 즉 생활세계는 공유된 가정과 배경지식의 비축물 그리고 행위자의 잠재적 합의 대상을 기초로 공유된 이유로 구성된다. 이 공유된 맥락이 배경에 머무는 한, 아니면 하버마스의 말처럼 주제화되지 않는 한 생활세계의 영향은 감춰져 있겠지만, 여전히 합의의 달성 가능성을 열어주는, 그래서 합의가 대체로 달성되도록 하는 기능을 수행한다. 그러므로 한편으로 생활세계는 사회통합을 촉진하는 힘이다. 동시에 생활세계가 제공하는 합의의 플랫폼은 비판적 성찰과 잠재적 불일치의 가능성을 보장하는 조건이다.

전반적으로 생활세계는 매 의사소통과 논증대화에 따라붙기 마련인 이견, 오해, 불일치의 위험을 최소화한다는 점에서 사회적 의미의 보존물이다. 의사소통적 행위가 성공적으로 이루어질 때마다 생활세계로 환류되어 이를 다시 채워주는 합의가 성립한다. 따라서 생활세계는 의사소통적 행위를 뒷받침하고, 의사소통적 행위는 다시 공유된 지식의 축적물을 가득 채움으로써 생활세계에 자양분을 제공한다. 그리하여 생활세계는 의미의 파편화에 저항하고 행위 갈등의 폭발을 방지하는, 말하자면 사회적 분열을 막는 방벽으로 기능할 수 있다.

마지막으로 생활세계는 사회의 상징적·문화적 재생산을 담당하는 매체다. 생활세계는 비록 의사소통과 논증대화라는 비판적

렌즈를 수단으로 쓰기는 해도, 어쨌든 전통을 계승하는 매개체다. 대규모의 사회 격변이 일어나지 않는 정상 조건에서 생활세계는 기술적 지식, 실용적 지식, 과학적 지식, 도덕적 지식 등 모든 종류의 지식을 전승하고 개선하는 매체 역할을 한다.

체계

체계란 도구적 행위가 침전된 구조이자 도구적 행위의 확립된 패턴을 뜻한다. 체계는 행위자에게 부과되는 외적 목적에 따라 화폐와 권력이라는 두 가지 상이한 하부체계로 나눌 수 있다. 화폐는 자본주의 경제의 '조절매체steering media'이고, 권력은 공무원과 국가 공인 정당 등 국가 행정 및 관련 제도의 조절매체, 곧 방향을 지시하고 조정하는 내재적 메커니즘이다. 하버마스에 따르면 화폐·권력 체계는 사회적 삶의 표층에 깊은 홈을 파서 행위자가 사전에 확립된 도구적 행동 패턴으로 자연스럽게 빠져들도록 만든다. 예를 들어 회사원들은 고위 임원이든 말단 직원이든 금전적 목적을 추구하는 행위 패턴에 부합하는 역할을 따른다. 도구적 행위의 목적은 합의 도달에 선행하여 독립적으로 결정되므로, 체계 내에서 활동하는 사람들의 행위가 추구하는 최종 목적은 대체로 미리 정해질 뿐, 이들이 선택하지 않는다. 게다가 이러한 목적이 이를 달성하고자 하는 행위자에게 늘 명백하지는 않을 것이다. 축구팀 맨체스터 유나이티드의 팬들이 응원하는 행위는 맨체스터 유나이티드 유한책임회사가 주주에게 배당을 지급하는 목적에 기여하는 셈이다. 의식하든 않았든 말이다.

화폐·권력 하부체계가 수행하는 주 기능은 사회의 물질적 재생산, 다시 말해 재화와 서비스의 생산 및 순환이다. 그러나 하부체계 역시 행위를 조정하고 고유의 통합 효과를 창출하기 때문에 생활세계의 기능과 유사한 또 다른 중요한 기능을 한다. 하버마스는 이 통합 효과를 생활세계가 제공하는 '사회통합social integration'과 대비하여 '체계통합system integration'이라고 부른다. 산업화와 근대화를 거치며 사회가 점점 거대하고 복잡해지고 사람들의 유동성이 커지면서 사회통합의 과제를 달성하기가 점점 어려워진다. 이 조건에서 경제와 국가 행정 따위의 체계는 의사소통과 논증대화가 지는 부담을 줄여준다. 체계가 사회의 결합에 공헌하는 것이다.

이 대목만 해도 도구적 합리성 일반, 특히 자본주의 경제를 거의 부정적으로만 바라본 호르크하이머 및 아도르노와 하버마스가 어떻게 다른지를 알 수 있다. 하버마스는 도구적 합리성 **그 자체**를 반대하지도 않고, 그 도구적 논리를 구현하는 국가와 시장경제 제도를 반대하지도 않는다. 하버마스는 이런 제도가 중요하고 필수적인 사회적 기능을 한다는 사실과 이 제도를 폐지하거나 없애는 길은 선택 대상이 아니라는 사실을 인정한다.

생활세계와 체계의 몇 가지 차이

하버마스는 체계가 사회적 삶에 기여하는 바를 인정하면서도 체계통합에 내재한 위험을 지적하고자 한다. 우선 화폐·권력

제도는 이해나 합의와 무관한 목적을 추구하도록 행위자를 조정한다. 두 가지 결과가 나온다. 첫째, 우리는 우리가 하는 경제 행위와 행정 행위의 완전한 의미를 놓칠 수도 있고 흔히 놓치곤 한다. 체계는 행위자가 자신의 목적을 숨기고 행위의 목적을 숙고하지 않는 행위 패턴을 도입하고 강화한다. 그러므로 발언과 행동의 의미 및 행위의 목적이 드러나 있고 이해 가능한 생활세계와 달리 체계는 불투명성을 내장하고 있다. 둘째, 생활세계와 달리 체계에서 행위자의 최종 목적은 실제로는 행위자 자신이 결정할 몫이 아니다. 행위자는 목적 달성의 수단은 선택할 수 있어도 그 최종 목적은 선택할 수 없다. 결과적으로 생활세계는 일반적으로 스스로 선택한 목적을 추구한다는 의미의 자율성을 증진한다. 체계는 그렇지 않다.

행위자는 위 차이를 다음과 같이 감지한다. 생활세계 행위자는 타당성 주장을 통해 자신의 행위를 조정한다. 이 과정이 형성하는 행위 제약은 타당성 주장의 상호 인정에서 창출되는 한에서 스스로 부과한 내적 제약이다. 대조적으로 화폐·권력 체계는 행위자가 전혀 결정할 수 없는 외적 행위 제약을 부과한다. 따라서 체계는 하버마스가 말한 '유사 자연적 실재의 덩어리block of quasi-natural reality'의 모습을 띤다. 말하자면 체계는 인간의 동세에서 벗어난 자율적인 내적 논리로 돌아가는, 인간이 책임질 수도 책임질 필요도 없는 독립적 실재다.

생활세계의 식민지화

하버마스는 근대 사회에서 체계와 생활세계가 깨지기 쉬운 균형을 이루고 있음을 보여준다. 게다가 체계는 생활세계에 뿌리박고 있으며 실제로 그에 기생하고 있어서 생활세계가 우선성이 있다. 하버마스에 따르면 생활세계는 자립적이고 자급적인 매체지만 체계는 그렇지 않다. 체계는 생활세계에서 유래하는 의미 자원을 기초로 작동할 뿐이다. 이 논제는 부분적으로 경험적이다. 그러나 하버마스는 이 논제의 토대를 의사소통적 행위의 우선성을 지지하는 개념적 논증에도 둔다. 생활세계가 의사소통적 행위 패턴을 구현하고 체계가 도구적 행위 패턴을 구현하기 때문에, 그리고 의사소통적 행위가 도구적 행위보다 우선하기 때문에 생활세계는 체계보다 우선성이 있어야 한다.

문제는 체계가 생활세계에 뿌리박고 의존하고 있음에도, 체계가 생활세계를 잠식하고 대체하며 파괴하기까지 한다는 점이다. 이처럼 생활세계를 **식민지화**하는 체계의 경향은 심각한 취약성과 불균형 혹은 불안정성을 초래한다. 생활세계의 식민지화colonization of the lifeworld 개념은 결과적으로 해롭고 복합적인 역사적·사회적 과정을 가리킨다. 무엇보다도 화폐·권력 조절 매체와 생활세계를 이어주는 고리가 끊어진다. 말하자면 자본주의 경제 및 행정체계가 가족, 문화 그리고 대중매체 따위의 공론장 제도에서 점점 분리된다. 도구적 행위의 망이 밀도와 복잡성을 더하면서 점차 생활세계에 침투하여 그 기능을 흡수하기에 이른다. 전략적 결정은 시장이나 전문 관료의 몫으로 전락한다. 생활세계의 투명성이 떨어지고 행위와 결정의 토대가 공적 검토와 민주적 통제의 가능성에서 이탈한다. 생활세계의 영역이 쪼그라들면서 하버마스가 말한 온갖 '사회 병리 현상'이 일어난다. 전부는 아니지만, 이 현상은 시장이 식민지화하는 비시장 영역에 가하는 부정적 영향을 포함한다.

생활세계의 식민지화가 초래하는 병리 현상
1. 공유된 의미와 상호 이해의 축소(아노미)
2. 사회적 유대감의 침식(분열)
3. 무력감의 확산과 소속감의 상실(소외)
4. 그 결과로 발생하는 행위와 사회 현상에 대한 책임 회피 (탈도덕화)
5. 사회질서의 불안정과 와해(사회적 불안정성)

마지막으로 체계가 사실은 생활세계에 의존하고 있기에 식민지화 과정 전체가 체계의 불안정성과 위기를 야기한다. 하버마스는 단순한 반시장론자나 반체계론자는 아니다. 다만 자본주의 경제, 국가 기나 행성 조직 등의 체계가 사회적 삶과 사회의 개별 구성원에게 미치는 잠재적 영향을 아주 잘 인지하고 있을 뿐이다.

하버마스 사회이론은 비판이론인가?

『의사소통행위이론』에서 하버마스의 한 가지 주목적은 호르크하이머와 아도르노의 비판이론보다 유익하고, 경험적으로 건전하며, 방법론적으로 일관된 대안을 제시하는 것이다. 그러므로 하버마스 사회이론은 비판이론으로 고안되었다. 하지만 어떤 의미에서 그런가? 하버마스보다 좌파 성향인 일부 논평가들은 하버마스 사회이론이 조금도 비판적이지 않다고 생각한다. 이들은 하버마스의 분석을 혼합 경제와 입헌적 복지국가를 장황하게 정당화하고 중도 좌파인 독일 사회민주주의의 입장을 변호하는 분석으로 취급한다. 이 견해는 야박할뿐더러 오해이기도 하다. 하버마스가 제안한 생활세계의 식민지화 이론은 '근대 사회의 문제는 무엇인가? 왜 그것이 문제인가?'라는 진단 문제에 독창적이고 통찰력 넘치며 절묘한 해답을 줄 뿐만 아니라 아노미, 소외, 사회적 파편화와 같은 근대 사회의 문제가 발생하는 원인을 조명해준다.

여타의 이데올로기 비판 모델과 달리 하버마스 사회이론은 행위자가 억압적인 사회 제도와 관행을 감내하고 영속화하는 이유로 추정되는 바를 설명하고자 행위자가 광범위한 오류와 비합리성을 범하고 있다는 자멸적인 설명 전략을 동원하지 않는다. 그 대신 하버마스는 이런 사회 제도와 관행이 유지되는 원인이 체계에 내재한, 잠재되거나 숨겨진 전략적·도구적 목적에 있다고 본다. 억압적인 사회 제도가 존속하는 이유는 개인이 자신의 이익을 오인해서가 아니라 개인의 행위가 사전에 확립된, 당혹스러울 정도로 복잡한 도구적 추론 패턴에 빠져들기 때문이다. 사회 체계에 내재한 불투명성으로 인해 행위의 의미는 행위자가 이해하고 책임질 수 있는 능력을 넘어선다.

하버마스 사회이론이 해법을 제공한다는 뜻에서 비판적인가? 이는 그릇된 물음인 것 같다. 하버마스가 제시한 것은 사회이론이고 이론은 해법을 처방하지 않는다. 물론 하버마스의 이론이 옳다면, 화폐·권력 체계를 견제하는 방법으로 생활세계가 식민지화되지 않도록 보호하는 것이 바람직할 수도 있다. 말하자면 행정화·시장화되지 않은 사회적 삶의 영역을 충분히 확보하여 사회통합을 가져오고 화폐·권력 체계를 생활세계에 뿌리박도록 하는 방법으로 말이다. 일단 시사하는 해답이 있다면 그 해답은 시장과 행정, 경제와 국가를 폐지하는 것이 아니라 견제하는 것이다. 그러나 그렇다 해도 어떻게 이를 실제로 달성할 수 있는지, 그 주체와 방안이 무엇인지는 불분명하다. 사실 하버마스는 흥미롭게도 이 과제를 정치적 과제라기보다는 사회적 과제로 본다. 이 결론은 공론장의 재발흥에 해방의 기대를 품은 『공론장의 구조변동』의 결론과 다르지 않다. 『의사소통행위이론』에서 하버마스는 이 과제를 떠안은 개별 행위자도 집단 행위자도 없다고 솔직히 평가한다. 국가는 단순히 경제에 따라 전적으로 규정되지는 않는 한에서 체계의 일부이며, 따라서 문제의 한 가지 근원이지 그 해법은 아니다. 하버마스는 민주적 복지국가 체제의 개혁에 희망을 건다. 개인의 도덕적 신념과 정치적 동기를 담은 비폭력적 저항 집단이 민주적 복지국가 체제에 영향력을 행사할 수 있는 한에서 말이다.

'신 사회운동new social movements'으로 불리는 그런 집단이 사실상 아무런 권력이 없다는 것이 난점이다. 그리고 이 집단은 공직을 맡아 정치권력을 얻으면 행정체계 및 정치체계로 흡수되고 말 것이다. 하버마스의 이론이 규명하는 사회 개혁의 유일한 행위자 집단은 식민지화 과정을 멈추고 단독으로 되돌리기에는 미약하고 역부족이다. 수많은 차이가 있음에도 호르크하이머와 아도르노의 사회 비판을 괴롭힌 비관주의가 메아리치는 대목이다.

이 점은 하버마스 사회이론이 충분히 비판적이지 않음을 보여주는가? 아니면 하버마스가 현대 자본주의 세계에는 시장과 행정 영역의 가차 없는 확장에 맞설 대항마를 찾기 어렵다는, 현실적이고도 정확한 평가를 내렸음을 보여주는가? 우선 하버마스는 이론이 혹여 마르크스주의적 혁명 고무의 의미에서 비판적일 수 있다는 점을 부인한다. 하버마스는 훨씬 겸손한 관점에서 사회이론이 이룩할 수 있는 바를 평가한다. 사회이론 자체는 사회 변화의 매개체가 아니다. 사회이론은 진리에 대한 타당성 주장을 제기한다. 현실적으로 말해서 사회이론은 기껏해야 근대 사회의 해로운 경향과 진보적 경향을 구별하는 데 도움을 주는 유용한 진단 도구일 뿐이다. 물론 하버마스는 사회적 억압의 철폐를 원하고, 바로 그 목적에 비추어 하버마스의 삶과 연구를 이해할 수 있다. 여전히 하버마스는 개혁가이자 급진주의

자다. 그러나 하버마스는 현실주의자로서 자신의 사회이론이 직접 성취할 수 있는 대부분은 사회적 억압의 원인 이해에 기여하는 것임을 알고 있다.

하버마스 사회이론은 다른 의미에서 비판적이지 않다고 여길 수 있다. 이는 하버마스가 의도적으로 근대 사회를 대상으로 명시적인 도덕적 비판을 삼가기 때문이다. 한 예로 하버마스는 시장이 팽창하면서 사람들이 타인을 그저 목적 실현의 도구로 생각하는, 무자비하고 계산적이며 자기 이익을 추구하는 개인으로 변모한다는 말까지는 하지 않는다. 여기에는 훌륭한 이유가 있다. 하버마스 사회이론은 호르크하이머와 아도르노의 내재적 비판과 마찬가지로 도덕적 비판과 차별화되는 특징이 있다. 하버마스의 이론은 고유의 규범적 토대를 드러내 보이되, 선행하는 도덕이론이나 선관conception of the good에 의존하지 않고자 한다. 하버마스의 근대 사회 비판은 이런 의미에서 윤리적 비판이나 도덕적 비판보다는 기능적 비판에 가깝다. 식민지화가 해로운 이유는 생활세계의 원활한 기능을 방해하고, 공유된 의미와 태도, 사회질서, 소속감, 사회적 안정성 등 사회가 누리는 의사소통과 논증대화의 혜택을 박탈하기 때문이다.

그럼에도 하버마스의 의사소통·논증대화 개념은 규범적으로 매우 풍성하므로, 하버마스의 분석에서 윤리적 색채를 지울 수는 없다. 의사소통적 행위는 타당성 주장의 **상호 인정**mutual recognition에 기반을 둔다. 생활세계에서 작동하는 대화의 행위 조정 메커니즘 덕분에 사람들은 다른 화자, 청자, 행위자 그리고 이들이 제시하는 이유를 고려하지 않을 수 없다. 논증대화는 모든 타인을 향한 평등한 존중 및 모든 타인과 어우러지는 보편적 연대성을 보장하는 규칙에 있다. 평등, 보편성, 포용성의 이상은 생활세계의 의사소통적 실천에 각인되어 있으며, 단지 의사소통한다는 이유만으로 행위자는 그 이상을 따르는 셈이다. 결과적으로 생활세계에서 이루어지는 사회화는 이 이상에 부응하여 행위하는 데 익숙해지는 과정, 곧 일종의 도덕화다. 반면 체계는 타인을 자신의 목적을 실현하는 수단으로 취급하는 도구적 습관을 심어주고, 타인의 목적에 무관심하도록 만든다. 여기서 우리는 중간계급의 냉정함과 무관심이야말로 '아우슈비츠의 발생에 없어서는 안 되는 원칙'이었다는 아도르노의 논평을 떠올릴 수밖에 없다. 주된 차이는 이렇다. 아도르노는 개인의 냉소와 무관심이 결국 타인을 향한 잔혹함으로 귀결되는 것은 칸트적인 도덕적 자율성 및 합리적 자기 지배의 부정적 측면이 의도치 않게 가져온 결과라고 평가한다. 하버마스가 보기에는, 도덕 자체가 아니라 체계가 생활세계를 식민지화하는 **탈도덕화** 효과에서 유사한 현상이 발생한다. 이 모든 분석의 결과, '사회병리 현상'이라는 하버마스의 의학적 비유는 말없이 암시되는 도덕의 예봉을 보여준다. 표면만 보면 하버마스의 이론은 생활세계의 식민지화에서 사회적 기능 장애가 발생한다는 이론이다. 이면을 보면 하버마스의 이론은 이 기능 장애가 도덕적으로 결함 있는 개인을 양산한다는 논지를 시사한다.

5장

하버마스의 근대성 이론

하버마스 철학은 체계적 측면과 더불어 역사적 측면도 있다. 하버마스는 헤겔, 마르크스, 해석학적 철학을 배우면서 사회이론의 연구 대상과 연구 규칙 자체가 역사성을 띤다는 점을 깨달았다. 니체가 말했듯이 '역사가 없는 것만을 정의할 수 있다.' 사회는 역사가 있고 따라서 정의될 수 없다. 이는 사회를 설명할 수 없다는 뜻이 아니라 사회의 역사를 고려하여 설명해야 한다는 뜻이다. 하버마스 철학은 이런 탐구를 얼마간 수행한다. 역사가들을 몹시 자극할 가능성이 있는 방식이지만 말이다. 지금까지 나는 하버마스 사회이론이 **근대적인** 사회적 삶의 형식을 진단하고 비판하는 이론이라는 점과 논증대화윤리가 **근대** 도덕을 정당화하고 해명하는 윤리라는 점을 대충 넘겼다. 이제 근대성 이론 및 근대화 이론을 좀 더 예리한 초점으로 조망할 때다. 이를 통해 하버마스 사회이론에 숨은 도덕적 차원을 조명할 수 있을 것이다. 도덕과 근대성이 얼마나 긴밀하게 얽혀 있는지를 보여줌으로써 식민지화가 초래하는 해로운 사회적 효과가 공동체 도덕에 영향을 주는 이유를 확인할 수 있을 것이다.

어떤 수준에서 보면 근대는 어떤 시대가 시작하는 시기 또는 이 시기와 깊게 연결된 일련의 이념을 가리킨다. 이 시기가 과거인지 현재 진행 중인지, 그리고 만약 이 시기가 과거라면 우리가 기쁘게 작별을 고해야 하는 것인지는『의사소통행위이론』이 출간된 1980년대에 격렬한 논쟁을 일으킨 문제였다. 다행히도 이 문제가 긴요하고 중대한 문제였던 시절은 한물간 것 같다. 하지만 근대는 한 시기에 지나지 않는다. 근대는 특정한 역사적 과정을 거치며 출현한 사회적, 정치적, 문화적, 제도적, 심리적 조건을 뜻한다.

이 의미에서 근대modernity는 '모더니즘'이라는 이름표가 붙은 다양한 예술작품 및 양식과 관련은 있어도 다른 개념이다. 예술가는 '모더니즘'을 채택할지 말지를 선택할 수 있다. 근대는 다르다. 우리는 모더니즘을 향해 갈 수도 안 갈 수도 있으나, 근대는 역으로 우리에게 온다. 내가 지금 설명하듯이 하버마스의 근대성 '이론'을 논하는 것이 합당하기는 해도, 이 이론은 논증대화윤리와 마찬가지로 구별된 프로그램이 아니라 모든 다양한 프로그램과 얽히고설킨 개념과 가정의 모음이다.

거칠게 말해 근대성 이론에는 두 부분이 있다. 앞부분은 중세 말기에서 20세기 후반에 이르는 장대한 서구 사회의 역사적 발전사다. 특히 중요한 세부 이야기는 바로 이 시기에 기독교 전통으로부터 세속 도덕이 출현하는 과정이다. 뒷부분에서 하버마스는 사회 발전의 논리, 곧 사회진화론을 야심 찬 재구성적 방식으로 해명한다. 순서대로 살펴보자.

역사적 해명

근대화와 가치 영역의 분화

우리는 이미 하버마스가 근대 사회의 기원과 성질을 이해하는 관점을 일부 살펴봤다. 하버마스의 설명에 의하면, 근대화는 여러 관련된 발전으로 이루어지는 과정이다. 일부는 앞서 다뤘다. 첫째, 17세기부터 특히 자연과학에서 지식이 폭발적으로 증가했다. 단편적 관찰에 근거하여 실체substances로 설명하는 식의 신뢰할 수 없는 방법을 따르는 중세 과학은 주로 아리스토텔레스의 권위에 근간을 두었다. 수학적 이론 구조를 동반하는 정밀한 측정 기술과 예측 가설을 공식화하고 검사하는 새로운 방법이 결합하여 더욱 체계적인 접근이 등장하자 중세 과학은 점점 자리를 내줬다. 새로운 과학이 두각을 보이자 수 세기에 걸쳐, 그리고 다른 요인과 합쳐져 아리스토텔레스적 전통의 권위가 추락하고 교회의 권위가 쪼그라들었으며 이성과 자연과학의 인식적 권위가 이들을 대체해버렸다. 그 정도로 새로운 과학은 성공적이었다. 결국 하버마스는 막스 베버를 따라 기술적으로 유용한 지식이 폭발적으로 늘어나 세 가지 가치 영역이 분리되는 결과를 낳았다고 주장한다.

[표 4] 세 가지 가치 영역

구별되는 가치 영역이 세 가지 있다는 사실이 놀라운 일은 아니다. 종교 전통의 인식적·실천적 권위가 타당성으로 이행하면서 가치 영역이 분화되고, 하버마스에 따르면 상이한 종류의 타당성이 세 가지 있기 때문이다.

[표 5] 세 가지 타당성 차원

결국 이 세 가지 타당성 차원은 이론적 논증대화, 도덕적 논증대화, 미적 논증대화라는 세 가지 논증대화 영역과 일대일 대응을 이룬다(3장의 표 3을 보라). 이 견해에 의하면 합리화가 이루어지면서 종교적 세계관이 붕괴하자, 이로부터 물려받은 문제를 자연과학, 도덕/법, 예술의 세 가지 지식 영역 중 한 영역에서 분담하여 해결한다. 학습 과정이 이어지고 지식은 깊어지지만, 이는 어디까지나 단일 영역에서 일어나는 일이다. 이로 인해 두 가지 결과가 발생한다. 근대는 전문화된 지식의 양과 깊이가 폭증하는 현상을 야기하지만, 이 지식은 같은 과정을 거치며 일상생활이라는 정박지에서 떨어져 나가고, '일상생활의 해석학에서 자연스럽게 진전되는 전통의 흐름'에서 벗어나 부유한다(DMUP, 43). 우리가 아는 지식과 살아가는 방식의 격차가 커진다.

근대라는 미완의 기획

1980년, 하버마스는 아도르노 상을 수상하며 '근대: 미완의 기획'이라는 연설로 반향을 일으켰다. 이 연설이 도발적인 이유는, 근대와 그에 수반하는 계몽의 기획 전체에 작별을 고하는 데 혈안이 된 탈근대 운동의 강력한 지적 조류에 하버마스가 반기를 들었기 때문이다. 연설의 제목은 두 가지 요지를 암시한다. 첫째, 근대는 역사적 시기라기보다는 하나의 **기획**이다. 둘째, 근대의 기획은 아직 완수되지 않았지만, 완수될 수 있고 또 완수되어야 한다.

하버마스는 근대를 **기획**으로 부른다. 이는 하버마스가 근대를, 위에서 묘사한 근대화 과정이 낳은 특정 문제에 응답하면서 일어난 문화적 운동으로 보기 때문이다. 주된 문제는 계몽 과정이 풀어놓은 전문화된 지식을 생활세계 및 공동 이익에 묶어놓아 그 잠재력을 좋은 방향으로 활용하는 법을 찾기 위해, 전문화된 지식과 상식 및 일상적 삶의 과정을 다시 연결하는 것이다.

이 근대관에서 하버마스가 전문화된 과학의 대리인이자 해석자의 과제를 수행한다고 주장하는 '탈형이상학적post-metaphysical' 철학은 근대적 삶과 그 삶이 제기하는 도전의 정중앙에 선다. 여기서 호르크하이머와 아도르노의 비판이론관은 기술적으로 활용 가능한 지식의 성장과 가치 있는 삶의 형식의 부재 사이에 나타나는 정확히 동일한 불일치를 다룬다는 점을 상기할 필요가 있다.

하버마스가 근대 기획을 '미완'의 기획이라고 부르는 까닭은 우선 근대 기획이 다루는 문제가 아직 해결되지 않았기 때문이다. 또한 진행 중인 근대화 과정을 중단하거나 되돌리려는 시도는 헛된 시도고, 근대 및 근대화의 대안으로 제시된 것들은 더 나쁜 대안이라고 생각하기 때문이다. 나쁜 대안의 한 가지 사례가 바로 반근대anti-modernity다. 반근대적 사고는 전근대적 삶의 형식으로 퇴행하는 또 다른 방식일 뿐이다. 이를테면 알레스데어 매킨타이어Alasdair MacIntyre(1929 ~)의 공동체주의는 도덕적 미덕에 관한 토마스주의적 전통의 부흥을 옹호하는 입장으로 읽히기도 하며,[4] 하이데거의 후기 연구는 시골의 전통적

---

4 토마스주의Thomism란 중세 스콜라 철학자 토마스 아퀴나스의 사상에 뿌리를 두는 철학 사조를 말한다. 아퀴나스의 도덕철학은 아리스토텔레스의 목적론을 따르는 경향을 보인다. 공동체주의자인 매킨타이어도 아리스토텔레스의 도덕적 미덕 개념에 주목하여 롤스를 비롯한 자유주의를 비판했다. 저자는 '아리스토텔레스적 경향을 보이는 복고적 사상'을 지칭하는 반근대 사상의 사례를 들기 위해 매킨타이어의 사상을 토마스주의로 읽는 해석을 언급하고 있다.

생활방식으로 돌아가기를 염원하는 듯 보인다. 또 다른 나쁜 대안은 포스트모더니즘이다. 하버마스는 근대의 종언을 유포하는 행위가 목욕물을 버리다가 실수로 아이도 버리는, 말하자면 기술적·과학적 발전이 사회에 가져오는 열매를 향한 믿음 및 도구적 합리성의 확산을 거부하다가 계몽의 인본주의적 이상마저 포기하는 행위가 아닌가 하는 의문을 제기한다. 하버마스는 모든 형태의 상대주의와 맥락주의에 알러지 반응을 보이며, 이 입장들을 비합리주의로 묶을 때가 많다. 돌이켜보건대 이 점은 하버마스가 『현대성의 철학적 담론』에서 포스트모더니즘에 가한 신랄한 비판의 격앙된 어조를 설명해주는 것 같다. 당시 하버마스는 프랑스에서 자라난 영향력 있는 탈근대 철학이 독일의 비합리주의가 다시 고개를 들도록 하는 트로이 목마일지도 모른다고 우려했다.

하버마스는 지식의 증가, 경제적 혜택, 개인적 자유의 확장 등 근대가 이룩한 성과를 결코 희생해서는 안 된다고 믿는다. 근대 기획을 완수한다고 해서 근대가 초래한 모든 발전을 받아들여야 하는 것은 아니다. 다만 세속적인 인본주의적 이상에 비추어 근대 세계의 문화적·기술적·경제적 가능성을 비판적으로 평가해야 한다. 물론 쉬운 과제는 아니다. 무엇보다도 이 과제는 '사회적 근대화가 **여타** 비자본주의적 방향으로 촉진될 수 있을 것'을 요구하기 때문이다(DMUP, 51). 근대 기획을 완수하려면 체계의 침식 영향으로부터 생활세계를 효과적으로 보존해야 하는데, 앞 장에서 보았듯이 이 과제를 떠안을 집단이나 행위자가 현재로서는 없는 실정이다.

세속 도덕의 출현

하버마스의 역사적 분석에 따르면, 근대화로 인해 주체는 전통적 역할과 가치에서 해방되고 행위 조정과 사회질서 창출을 위해 의사소통과 논증대화에 더 많이 의존하게 된다. 하버마스는 이를 내가 이름 붙인 근대성 논제modernity thesis로 요약한다.

> 근대는 방향 설정의 규준을 더는 다른 시대에 제공하는 모델에서 빌려올 수도 없고, 빌려오려고 하지도 않는다. **근대는 자신의 규범성을 스스로 창조해야 한다**(PDM, 7).

여기서 '근대'는 성공적으로 이루어진 논증대화의 결과로 나오는 공유된 의미와 이해를 가리킨다. 공유된 의미와 이해는 의사소통과 논증대화의 산물이기에 스스로 창조된 것이며, 이런 의미에서 공유된 의미와 이해는 논증대화의 행위자이자 참여자인 우리에게 달려 있다. 공유된 의미와 이해는 합리적이기도 한데, 타당성 주장의 상호 인정에 의존하기 때문이다.

이 일반론의 한 가지 세부 논점은 논증대화윤리 프로그램에 매우 결정적이다. 논증대화윤리는 유대-기독교의 유일신교 전통에서 세속 도덕이 출현하는 과정을 고려한다(TIO, 3-49). 하버마스가 생각하기에 유대-기독교 전통은 각 개인에게 '나는 무엇을 해야 하는가?'로 나타나는 도덕적 물음에 답할 수 있는,

객관적으로 선하고 정의로운 삶의 방식이라는 이념을 품고 있었다.

근대로 넘어가는 역사적 전환기에 특수하고 실질적인 좋음의 물음은 정의와 도덕적 정당성을 다루는 형식적 물음에서 점차 분리되며, 수많은 경쟁하는 선관이 동종의 단일한 종교 전통에 기반하는 윤리를 대체하기에 이른다. 도덕은 명령 모음에서 원리와 타당한 규범의 체계로 변모한다. 근대 도덕의 타당한 규범은 보편성과 무조건성이라는 두 가지 특징이 있다. 하버마스는 이 특징이 유대-기독교의 유산이라고 논한다. 그러나 도덕규범이 일정한 역사가 있다고 해서 반드시 과거 시대의 유물에 불과한 것은 아니다. 도덕은 여전히 중요한 기능을 하기에 근대에도 존속한다. 도덕은 갈등을 해소하며 사회질서를 갱신하고 유지하도록 돕는다.

이 지점까지 하버마스는 말하자면 "현존 도덕"이라고 할 수 있는 대상의 역사를 말했다. 이와 유사한 도덕이론사는 도덕관과 그 이론적 표출의 변화를 다룬다. 하버마스에 의하면 칸트는 근대적 도덕관을 고찰하는 이론을 제시한 최초의 도덕이론가다. 칸트의 정언명령 제1정식, 즉 '보편 법칙 정식'은 도덕적 권위의 원천을 준칙과 의무의 실질적 축적물에서 찾지 않고, 준칙을 의지에 통합할 수 있도록 하는 형식적인 보편화 규준에서 찾는다.

그 준칙이 보편적 법칙이 될 것을, 그 준칙을 통해 네가 동시에 의욕할 수 있는, 오직 그런 준칙에 따라서만 행위하라.

준칙을 법칙으로서 의욕하는 행위는 자유로운 행위이므로, 칸트는 도덕적 행위를 의지의 자유를 표현하는 행위로 이해한다. 분명히 하버마스는 칸트가 고군분투하여 실질적 선관으로부터 도덕을 구출하고, 이를 규범 검사 절차로 재구상한 점은 높이 평가한다. 다른 한편 하버마스는 칸트가 각각의 고독한 개인이 준칙에 정언명령을 적용함으로써 스스로 도덕규범의 타당성을 확립한다고 가정했다는 이유로 비판의 날을 세운다. 말하자면 칸트가 내면에서 일어나는 도덕적 산수a kind of moral mental arithmetic를 구상했다는 것이다. 하버마스의 관점에서 칸트는 도덕적 추론을 **독백적** 절차로 생각했고, 따라서 도덕적 추론이 함유한 본질적으로 사회적인 성질을 간과한다. 반면 토머스 매카시Thomas McCarthy가 말했듯이 도덕에 관한 논증대화이론은 도덕을 집합적이고 **대화적인** 합의 도달 과정으로 본다.

> 각자가 모순 없이 일반적 법칙으로 의욕할 수 있는 바에서 모든 사람이 보편적 규범으로 합의할 수 있는 바로 강조점이 이동한다(MCCA, 67).

하버마스의 논증대화윤리는 논증대화의 이상이나 규칙이 규제하는 내적 논리로 돌아가는, 근대적인 칸트적 도덕관을 발전시킨 이론이다.

하버마스의 사회진화론

하버마스는 대단히 야심 찬 가설의 형태를 취하는 사회진화론도 주장한다. 이 가설은 개인에게 나타나는 발달적 학습 과정의 유형이 적절한 수정을 거쳐 사회 전체로 전치될 수 있다는 가설이다. 다시 말해 개인의 발달 과정과 사회의 발전 과정이 보여주는 유비 관계를 지탱할 수 있다면, 사회세계가 모든 점을 고려할 때 특정 방향으로 진보한다는 목적론적 발상을 부분적으로 구출할 수 있다.

로렌스 콜버그의 도덕발달론

이 유비 관계의 고정점은 바로 로렌스 콜버그Lawrence Kohlberg (1927-1987)의 아동 도덕발달론에 있다. 발달심리학자인 그는 주체의 도덕적 능력이 전관습적, 관습적, 탈관습적 수준의 세 가지 불변적 수준을 따라 발달한다고 주장한다. 각 수준은 두 단계로 분할된다. 이 수준·단계 구조는 문화적 보편성을 띠며 일정 부분 경험적 확증이 가능하므로 '자연적'이라고 추정된다.

콜버그의 아동 도덕발달론

1수준: 전관습적 도덕

1수준에 있는 아동은 좋음과 나쁨, 옳음이나 그름의 표지에 반응하지만, 이를 자신의 행위에 따른 경험적 결과에 비추어 해

석한다.

1단계: 도덕은 처벌과 복종을 준거로, 그리고 타인에 대한 해악 회피를 준거로 이해된다.

2단계: 도덕은 자신의 이익을 충족하고 다른 사람도 그렇게 하도록 허용하는 방식으로서 도구적으로 이해된다.

2 수준: 관습적 도덕

2수준에 있는 아동은 결과와 무관하게 가족의 기대를 만족하는 것에 가치를 부여한다. 특징적 태도는 사회질서에 순응하고 충성을 보이는 태도다.

3단계: 도덕은 착한 아이의 역할 따르기로 이해된다. 선한 행위란 규칙 따르기, 기대에 부응하기, 타인에게 관심 보이기를 뜻한다.

4단계: 도덕은 의무를 다하고 사회질서를 보존하며 사회나 집단의 복지를 뜻한다.

3 수준: 탈관습적 도덕

3수준에 있는 아동은 도덕의 특징을 도덕규범의 타당성과 이를 지지하는 개인이나 집단의 권위를 구별하는 능력으로 이해한다. 타당성은 개인의 집단 일체감에 의존하지 않는다. 도덕적 결정은 사회에 속한 모든 개별 구성원이 공동선이라는 이유로 동의하거나 동의할 수 있는 가치 또는 원칙을 반영한다.

5단계: 도덕은 기본적 권리와 가치이자 한 사회의 법적 계약으로 이해된다. 이는 도덕이 한 집단의 구체적 규칙 및 법과 충돌할 때도 마찬가지다. 주체는 집단에 따라 상대적인 가치 및 규범을 다수 의견과 무관하게 보호되어야 하는, 상대적이지 않고 보편적인 일부 가치 및 규범과 구별할 수 있다. 법과 의무는 전체 효용 계산에 근거한다.

6단계: 도덕은 무엇이든 보편적이고 스스로 선택한 도덕원리에 부합하는 것으로 이해된다. 이 단계에 있는 사람이 도덕적이어야 하는 이유는 합리적 인간으로서 근본 원리의 타당성을 통찰하고 스스로 이 원리에 헌신하기 때문이다. 근본 원리는 준칙이나 행위에 타당성을 부여한다. 개인은 준칙이나 행위가 원리와 충돌할 때 원리에 따라 행위한다. 정의의 원칙, 평등, 모든 인간의 존엄성 존중이 그 예다.

콜버그에 따르면 각 수준과 각 단계는 하나의 학습 과정으로, 앞 수준과 앞 단계보다 더 큰 복잡성을 표현한다는 점에서 우월하다. 각각의 새로운 수준은 앞 수준의 문제해결 능력을 보존하고 개선하며, 따라서 새 수준에 진입한 주체는 도덕적 문제와 딜레마를 보다 만족스럽게 해결해낸다. 그러므로 개괄적으로 말해 도덕적 주체는 일단 높은 수준에 도달하면 낮은 수준의 도덕의식보다 높은 수준의 도덕의식을 선호한다.

이 이론은 경험적 가설의 성격과 도덕철학의 성격이 혼재한다. 예를 들어 행위자가 낮은 수준의 해법보다 높은 수준의 해법을 선호한다는 심리학적 가설은 측정할 수 있고 경험적 자료로 뒷받침할 수 있다. 그러나 6단계의 해법이 5단계의 해법보다 이론적으로 우월하다(공리주의적 도덕보다 칸트적 도덕이 낫다)는 주장은 철학적 논증으로 확립되어야 할 것이다. 경험적 자료와 철학적 논증이 상호 지지한다는 사실은 이론의 정합성을 떠받치는 부수적인 증거로 여겨진다.

콜버그의 이론은 혹독한 공격을 받았다. 한 예로 공리주의자들은 칸트주의에 밀리는 2등 주자 노릇을 벗어날 수 없다는 사실에 분개한다. 그리고 이들은 자신이 제시한 도덕적 문제의 해법이 '자연적으로' 또는 철학적으로 열등하다는 점을 부정한다. 또한 많은 페미니스트는 도덕에 배려라는 여성 특유의 차원이 있음에도 콜버그가 다양한 이유로 그 윤리적 중요성을 평가절하하거나 간과했다고 목소리를 높인다. 콜버그는 도덕적 문제를 대상으로 남성이 발전시킨 '합리적' 해법을 특권화하고, 여성이 제시하는 대안 해법을 무시하며, 남성 발달과 관련된 증거에서 아동 발달과 관련된 논제를 추론하는 우를 범한다. 이러한 논쟁이 있음에도 하버마스는 단 하나의 미세한 이견을 제외하고 콜버그의 도덕발달론을 옹호한다. 하버마스는 칸트의 이론 대신 도덕에 관한 논증대화이론으로 세속 도덕의 출현이라는 역사적 설명을 마무리하는 것처럼, 콜버그 이론의 6단계에 도덕에 관한 논증대화이론을 삽입한다(MCCA, 166-7). 냉소적인 사람이라면 이 대목에서 눈살을 찌푸릴 수도 있다. 하버마스가 늘어놓는 근대 도덕의 역사적 발전, 그리고 마찬가지로 재해석된 발달적 도덕심리학 양쪽이 논증대화이론으로 종결된다는 것은 심각하게 과장된 우연의 일치로 보인다.

사회진화와 근대화

하버마스의 담대한 가설은 개인의 도덕의식 발달이 논리적 단계로 분석할 수 있는 학습 과정인 것처럼 사회 발전도 큰 틀에서 똑같다는 가설이다. 어쨌든 위에서 언급한 수준과 단계가 개인에게 자연적으로 나타난다면, 이는 사회 구조에도 반영되어야 한다. 말하자면 사회에도 전관습적, 관습적, 탈관습적 사회가 있어야 한다는 뜻이다. 하버마스는 이 모든 수준이 상이한 역사적 결합 형태로 규명할 수 있다고 생각한다. 혈연과 공유된 종교 전통에 근간을 두며 도덕이 종교와 부족의 권위 있는 인물에 묶여 있는 사회는 **관습적**이지만, 보편주의적 도덕과 정당한 법에 기반하는 근대 사회는 **탈관습적**이다. 개인의 도덕의식과 사회에서 공히 나타나는 2수준 및 3수준의 유비 관계는 집단적 문제해결에 사용할 수 있는 종류의 규칙을 표현한다. 하버마스의 가설이 옳다면, 근대화 과정은 개인이 행위 문제와 사회적 갈등을 더 잘 해결할 수 있도록 하는 복잡한 사회 구조가 점차 발전하는 과정으로 재구성될 수 있다.

하지만 이 가설에는 여러 가지 심각한 난점이 있다. 예를 들어 이 가설을 확증하거나 반증할 수 있는 경험적 증거가 무엇인지 분명하지 않다. 개체발생적 발달과 계통발생적 발달의 유비 관계, 즉 개인의 학습 과정과 집단의 학습 과정 사이의 유비 관계도 우려스럽다. 개인의 행동이 어떤 식으로 집단과 유비될 수 있는지 불분명하다. 콜버그의 이론은 적어도 학습자가 누구인지는 분명하다. 바로 아동 개인이다. 아동 개인에게는, 집단적 수준에서는 유사한 것을 찾아볼 수 없는 통제력을 발휘하는 의식이 있다. 어떻게 사회 전체가 학습할 수 있는가? 하버마스는 사회가 개인이 갈등 처리와 문제해결을 학습하는 틀을 제공한다는 파생적 의미에서만 사회가 학습한다는 점을 마지못해 인정한다. 그러므로 관습적 사회에서 탈관습적 사회로 옮겨가는 과정을 '학습 과정'이라 하는 것은 대단히 약화된 의미에서만 가능하다.

하버마스는 1970년대에 역사 유물론에 비판적으로 개입하면서 이 담대한 가설에 도달했다. 하버마스의 규범적 사회 구조 발달론은 생산양식이라는 하부구조의 변화에 따라 사회 발전이 결정된다는 마르크스주의적 견해를 보완할 의도로 제시되었다. 이후 하버마스는 사회진화론의 대부분을 폐기했다. 물론 여기에 속하는 핵심 발상과 가정을 다른 프로그램에 활용하기는 했지만 말이다. 하버마스가 포기하지 않은 것은, 의사소통적으로 행위하고 논증대화로 갈등을 해소하는 행위자가 근대 사회의 삶에 동반하는 갈등과 복잡성에 더 능숙하게 대처할 수 있다는 확신이다.

근대 기획의 완성

비판자들은 하버마스의 연구가 전혀 역사적이지 않다고 불평하곤 한다. 하버마스는 단지 자기 연구 프로그램에 딱 알맞은 결과를 찾고자 역사를 뒤질 뿐이다. 이를테면 하버마스는 도덕적 보편주의를 역사적 산물로 제시하지만, 동시에 도덕적 보편주의가 과거보다 **발전한 것**임을 논증하기를 원한다. 하버마스가 보기에는 사회가 의사소통과 논증대화의 이상에 보조를 맞추어 갈수록, 즉 구성원들이 합의 도달을 지향할수록, 구성원 자신에게 개인적으로나 집단적으로나 더 나아진다. 비판자들은 이 주장을 접하고 '역사 속의 이성'이 실존한다는, 신빙성을 잃은 헤겔적 이념을 연상한다.

이 우려에는 일리가 있지만 비판자들이 생각하는 만큼은 아니다. 하버마스는 근대 기획을 이끄는 정치적·도덕적 발상이 특정한 역사적 길목에서 출현하기는 했지만, 그렇다고 이 기획이 이를 배태한 구체적인 문화적 맥락에 따라 상대적이라는 점을 부인한다. 실로 하버마스는 일정한 단서를 달아 사회적 진보의 이념을 방어한다. 하버마스는 경험적으로 정당화되고 형이상학적으로 점잖은 해석을 개진할 수 있다고 생각한다. 말하자면 사회 발전은 근대 사회의 탈관습적 주체가 전근대 사회의 관습적·전관습적 주체보다 능숙하게 행위를 조정하고 사회질서를 유지할 수 있다는 의미에서 하나의 학습 과정으로 이해할 수 있다. 그렇다 해도 하버마스는 결코 순진무구한 낙관주의자가 아니다. 하버마스는 자기 인식의 목적을 향해 나아가는 자기 발전적 정신의 객관화된 형태라 할 수 있는 헤겔의 목적론적 사회관을 거부한다. 하버마스의 설명에서 근대화가 체계, 생활세계, 그리고 양자의 깨지기 쉬운 균형에 미치는 영향은 다층적일 뿐만 아니라 그 유산은 모호하기까지 하다. 대차대조표의 부정적인 면을 보면, 근대화는 사회적 분열, 고립, 소외 등의 사회 병리 현상을 초래한다. 대차대조표의 긍정적인 면을 보면, 근대는 보존할 가치가 있는 인지적, 경제적, 실천적 이득을 가져온다. 하버마스는 스위치를 껐다 켜서 역사의 흐름에 역행할 수 있다는 듯이 근대화 과정을 중단하거나 되돌리려는 시도가 부질없다고 강조한다. 그렇다고 사회가 인간의 영향을 받지 않는다는 말은 아니다. 묘수는 근대의 역학과 협업하는 것이지, 그에 반대하는 것이 아니다. 근대화가 야기하는 문제를 해결하고 근대화가 가하는 피해를 억누를 수 있는 자원은 바로 근대화 자체가 제공하기 때문이다. 최종 분석에서 근대 기획의 완성이란, 주체가 보편적 도덕원리와 정당한 법을 근거로 행위를 조정하고 사회질서를 확립하는 탈관습적 사회로의 이행을 용이하게 만드는 방법과 수단을 탐색하는 것을 뜻한다. 이 요점이 함축하는 바를 좀 더 구체적으로 이해하려면 하버마스의 도덕이론과 정치이론을 다뤄야 한다.

6장

논증대화윤리 Ⅰ :
도덕에 관한 논증대화이론

논증대화윤리는 하버마스 철학의 주축이 되는 프로그램이다. 『의사소통행위이론』은 논증대화윤리를 예견하며, 『사실성과 타당성』은 논증대화윤리를 전제한다. 논증대화윤리 프로그램은 두 권의 얇은 논문집인 『도덕의식과 소통적 행위』(1983) 및 『담론윤리의 해명』(1991)에서 전개된다. 사회이론 및 정치이론과 비교할 때, 논증대화윤리를 다루는 단일한 주저는 없다. 하지만 논증대화윤리는 하버마스 철학의 규범적 핵심으로, 여기서 화용론적 의미 이론 프로그램과 사회이론 프로그램에 비추어 평등, 정의, 공공성, 포용성, 연대성이라는 특징적 주제를 심화한다.

처음에는 이 점이 명백하지 않았으나 논증대화윤리는 프랑크푸르트학파 비판이론의 흔히 간과된 암묵적인 도덕적 차원을 완전히 다른 수단으로 계승한다. 『부정변증법』에서 아도르노는 히틀러가 인류에게 부과한 '새로운 정언명령'을 논한다. 바로 '인류의 사고와 행위에 아우슈비츠가 재발해서는 안 된다, 비슷한 사건이라도 일어나서는 안 된다고 말하는 명령' 말이다. 지금껏 아도르노 철학의 도덕적 의미가 주목받지 않은 이유는, 아도르노가 다른 곳에서 말한 '손상된 실존 a dama- ged existence'의 한복판에서 올바르게 살아갈 가능성을 전적으로 부인하기 때문이다. 아우슈비츠와 히로시마의 참화를 겪은 후 좋은 삶을 살거나 또렷한 양심에 근거하여 도덕적으로 행위하기란 이제 불가능하다. 그저 대중문화가 저지르는 약탈에 저항하고 관습적 도덕에 동의하는 척하며 사회규범에 순응하기를 거부하는 길만이 할 수 있는 최선이다. 단순화된 방식으로 말하면 '단순화'에 저항하는 것이다. 그래서 이 도덕적 명령이 제아무리 충격적이고 자명하다고 해도 어딘가 역설적인 부분을 감출 수 없다.

'참사에서 배우기'는 하버마스의 연구에서 나타나는 한 가지 핵심 주제다. 하버마스는 아도르노처럼 나치 시기를 겪었으며, 아도르노의 새로운 정언명령이 표현하는 이상, 정확히 말하면 도덕적 하한선은 하버마스의 도덕철학 및 정치철학에 결정적이다. 차이가 있다면 하버마스 철학은 구체적인 차원에서 도덕적이고 사회적인, 곧 살펴보겠지만 정치적인 함축이 있다는 점이다. 그 함축이란 이렇다. 생활세계를 보존하기 위해 그 외 유사한 수단의 재발흥을 방지하라. 개인이 탈관습적 도덕으로 사회화되는 조건을 만들어라. 민주적 타당성이 있는 규범을 기초로 사회질서를 확립하라.

도덕적 논증대화, 그리고 도덕의 사회적 기능

이 장에서 나는 도덕에 관한 논증대화이론과 도덕적 논증대화의 개념에 집중한다. 규범적인 의무론적 도덕이론으로서는 이례적으로 '나는 무엇을 해야만 하는가?'라는 물음에 도덕에 관한 논증대화이론은 직접 답하지 않는다. 대신 근대를 살아가는 도덕적 행위자가 스스로 이 물음에 성공적으로 답할 수 있는 조건을 밝히는 것을 목적으로 한다. 하버마스의 도덕이론은 정당성에 대한 타당성 주장을 메운다는 말의 의미를 해명하는 이론으로 이해할 수 있다. 그런 만큼 하버마스의 도덕이론은 도덕적 발화를 다루는 화용론적 의미 이론이다. 그러나 하버마스는 도덕적 의미론에 부차적인 관심만 있다. 하버마스의 주목적은 자신의 사회이론이 제기한 물음에 답하는 과제에 도덕이론이 어떻게 기여할 수 있는가를 확인하는 것이다. 주된 물음은 이렇다. 도덕의 밑바탕에 깔린 원리는 무엇인가? 우리는 어떻게 타당한 도덕규범을 확립하는가? 타당한 도덕규범의 사회적 기능은 무엇인가? 하버마스의 답은, 근대 사회에서 타당한 도덕규범이 행위자 간의 갈등을 해소하고 공유된 규범의 저장고를 채워준다는 것이다.

하버마스에 의하면 규범은 행동 규칙이다. 규범은 가령 '훔치지 말라'처럼 문법적으로 명령의 형식을 취한다. 타당한 규범 혹은 정당화 가능한 규범은 생활세계에서 이루어지는 우리의 행위를 조정하고 다른 사람의 행동에 거는 우리의 기대를 안정화하는 기능을 한다. 규범 덕분에 타인의 행위를 예측할 수 있고 갈등의 소지가 없는 행위 경로를 닦을 수 있다.

하버마스의 사회진화론은 근대 사회가 탈관습적 사회라는 가설을 주장한다. 하버마스는 이 가설을, 사회화 과정이 순조롭게 이루어질 경우 성숙한 도덕적 행위자는 콜버그의 6단계, 즉 원리 기반 도덕에 도달한다는 가설로 받아들인다. 6단계에 도달한 행위자는 단순히 도덕적 기대에 순응하는 방식에는 만족하지 않을 것이다. 이들은 성경 보기, 현명한 스승에게 조언 구하기, 동료의 행동 따라하기 등을 실천할 수도 있다. 이처럼 탈관습적 행위자는 의무가 의무인 이유를 알고 스스로 정당화할 수 있는 원리에만 근거하여 행위한다.

하버마스의 입장에서 갈등은 정당성에 대한 타당성 주장이 거부될 때 발생한다. 따라서 갈등 상황은 생활세계의 암묵적 배경에서 논증대화라는 명시적 매체로 규범의 후보를 공급해준다. 한 행위자는 타인의 발언이나 행위가 어떤 방식으로 잘못되었다고 느낄 수 있으며, 잘못을 저지른 사람에게 행위를 설명하라고 이의를 제기할 수 있다. 실제 갈등을 해소하는 방법은 많다. 하버마스의 논제는 행위자가 논증대화나 도덕적 논의에 의지하는 한, 그 목적은 각 논쟁 당사자가 이해하고 수용할 수 있는 행위 규범을 확립함으로써 합의를 복구하는 데에 있다는 논제다.

하버마스의 도덕적 관점 설명

하버마스의 전반적인 논증을 두 부분으로 생각하면 큰 도움이 된다. 한 부분은 도덕적 관점의 설명이고 다른 부분은 도덕적 관점의 정당화다. 도덕적 관점의 설명은 우리의 일상적인 도덕적 직관이라는 도덕적 현상에서 출발한다. 이는 초월적 논증 transcendental argument에 해당한다. 이 논증은 우연히 참인 경험적 전제를 출발점으로 하여 진행한다. 그런 전제의 사례로 도덕적 관점이 사회세계에 속한다는 전제와 타당한 도덕규범이 있다는 전제가 있다. 다음으로 그 전제의 가능성 조건을 탐구한다. 도덕적 관점이 있다면, 틀림없이 비도덕적 고려 사항과 도덕적 고려 사항을 구별하는 원리나 기준이 있으며, 우리의 도덕적 실천이 이 원리를 암묵적으로 포함하고 있어야 한다. 하버마스의 도덕적 관점 설명은 이 방식으로 착수하여 결국 두 원리를 밝혀낸다. 논증대화원리 D와 도덕원리 U다.

논증대화윤리의 원리들

논증대화윤리의 원리는 왜 하나가 아니고 둘일까? 좋은 질문이다. 하버마스는 이에 딱 떨어지는 답을 하지 않는다. 결국 하버마스는 논증대화원리 D가 도덕원리 U보다 약하고 논쟁의 소지가 적으며, 이미 자신의 의사소통 이론을 통해 설득력을 얻었다는 견해에 이른다. 원리 U는 원리 D를 전제로 사용하는 논증을 수단으로 확립되어야 하는 좀 더 강한 원리다.

하버마스 이론의 핵심 요점은 논증대화가 사람들을 유의미한 논증으로 끌어들이는 **대화적** 과정이기에 더욱더 그 사회적 기능과 화용론적 기능을 충족한다는 점이다. 규범의 정당화 과정은 한 사람이 다른 사람에게 규범이 수용될 수 있도록 만드는 문제이므로 늘 두 명 이상을 포함하는 과정이다. 하버마스는 원리 D가 단지 '탈관습적 정당화 요건의 의미를 표현'할 뿐이라고 진술한다.

> 논증대화원리 D에 따르면, "오직 모든 잠재적 당사자가 **합리적 논증대화의 참여자로서** 동의할 수 있는 행위규범만이 타당하다"(BFN 107).

이는 전문 용어로, 원리 D가 타당한 규범은 폭넓은 동의를 받아야 한다는 도덕적 행위자의 직관을 포착한다는 주장을 표현한다. '논증대화원리'라는 명칭은 원리 U와의 결정적 차이를 현저하게 드러내지 않는다는 점에서 다소 오해의 소지가 있다. 원리 U도 마찬가지로 논증대화의 원리다. 원리 D는 '행위규범', 즉 도덕규범뿐만 아니라 법규범을 포함하는 규범 일반을 지시한다. 원리 D는 논증대화 자체가 아니라 규범을 주제로 하는 논증대화와 관련이 있다. 이론적 논증대화와 미학적 논증대화가 그렇듯이 모든 논증대화가 규범을 다루지는 않는다. 원리 D를 규범 일반의 타당성 원리라고 부르는 것이 더 정확할 것이다.

형식적으로 표현하면, 원리 D는 3장 끝에서 살펴본 타당성-합의 조건문(V → C)과 완전히 똑같은 형식이다. 좌항에 타당성을 두고 우항에 합의를 두는 단순 조건문이다. 원리 D가 합의-타당성 조건문(C → V)이 아니라는 점, 그래서 규범이 합의를 얻을 수 있다면 타당하다고 말하지 않는다는 점에 주목하라. 결과적으로 원리 D는 어떤 규범이 타당하지 않은지를 가르쳐주는 부정적 방식으로만 기능한다.

원리 D는 공식 명칭이 암시하듯이 논증대화 절차를 포착하는 특징이 있다. 논증대화를 충분히 잘 수행했다고 가정할 경우, 다시 말해 논증대화 규칙을 명시적으로 위반하지 않았다고 가정할 경우, 규범에 합의하지 못했다는 사실은 그 규범이 타당하지 않다는 점을 가리킨다. 예를 들어 모든 당사자가 '육식하지 말라'라는 규범을 받아들일 수 없다면, 타당한 육식 금지 규범은 없다. 또한 원리 D는 누구의 동의를 타당성의 지표로 인정해야 하는지를 알려준다. 원리 D에 따르면 규범이 타당하다면 모든 '잠재적 당사자'가 '합리적 논증대화의 참여자로서' 그 규범을 수용할 수 있다. 이 진술은 보기보다 단순하지 않다. '모든 당사자'의 범위가 얼마나 넓을지 생각해보라. 규범이 대단히 일반적이라면, 잠재적으로 그것에 영향 받는 모든 사람을 그 규범이 주제인 토론에 참여하도록 허용할 때 직면하는 실천적 어려움은 말도 안 되는 수준일 것이다. 규범의 타당성은 그 규범을 주제로 한 논증대화에 실질적으로 참여할 수 없는 많은 사람의 예견 가능한 동의에 의존할 테다. 일부 규범은 아직 태어나지도 않은 사람에게 영향을 미친다. 중국이 시행하는 1가구 1자녀 산아 제한 정책의 기저에 깔린 규범이 사례로 떠오른다. 아직 태어나지 않은 사람은 명백히 논증대화에 참여할 수 없지만, 이들은 '잠재적 영향'을 받기에 규범의 타당성은 이들의 반사실적 승인에 달려 있다. 원리 D는 대단히 광범위한 수준의 동의를 요구하므로 고도로 제한적인 조건을 부과한다. 따라서 논증대화가 현실적으로 규범의 타당하지 않음을 가르쳐주는 사안은 상당히 적을 것이다.

> 가장 최근 하버마스가 정식화한 원리 U는 한 가지 형태는 이렇다. "한 규범이 **각 개인의 이익과 가치 지향에 비추어 그 일반적 준수의 예견 가능한 결과와 부작용을 모든** 당사자가 자유롭게 **공동으로 수용할 수 있다면, 그리고 오직 그 경우에만** 타당하다"(TIO, 42).

하버마스는 원리 U를 '도덕원리' 혹은 보편화 가능성 원리라고 부른다. 원리 U 자체는 도덕규범이 아니다. 원리 U는 도덕규범의 보편화 가능성을 확인함으로써 일차적인 도덕규범의 타당성을 검사하는 이차 원리다. 원리 U를 고안한 목적은 도덕적 논증 실천 그리고 특히 도덕적 논증이 관여하는 보편화 과정을 포착하기 위해서다.

도덕규범은 책무를 표현하고 '너는 살인해서는 안 된다'처럼 문법적으로 명령의 형식을 취하는 의무론적 규칙이다. 앞 장에서 봤듯이 하버마스는 그런 명령이 유대-기독교적 삶의 방식이 남긴 유산이라고 본다. 근대화가 되면서 수많은 논증대화는 유대-기독교적 전통의 내용을 꼼꼼하게 추려서 여전히 '훔치지 말라', '살인하지 말라'처럼 설득력 있는 규범을 보존하고 '너는 어떤 우상도 만들어서는 안 된다'처럼 그렇지 않은 규범은 열외한다.

처음 보면 원리 U는 원리 D와 비슷하다. 그러나 두 원리는 중대한 구조적 차이가 있다. 원리 U는 쌍조건문의 논리적 형식을 취하는 반면에 원리 D는 단순 조건문이다. 원리 U는 'V ↔ C', 즉 'V라면 그리고 오직 그 경우에만 C'라고 말하고, 원리 D는 'V → C', 즉 'V이면 C'라고 말한다. 그러므로 원리 U는 원리 D보다 훨씬 강한 원리다. 원리 U에 따르면 논증대화에서 합의를 얻을 수 있다는 사실이 도덕규범의 타당성을 위한 필요충분조건이다. 실천적 측면에서 이는 원리 D와 달리 원리 U는 **부정적으로도 적극적으로도** 기능할 수 있다는 뜻이다. 원리 U는 어떤 도덕규범이 타당하지 않은지를 알려줄 뿐만 아니라 어떤 규범이 타당한지를 적극적으로 결정할 수 있으며, 나아가 도덕적 타당성 또는 도덕적 정당성이 무엇인지를 보여줄 수 있다. 타당한 도덕규범이란 모든 당사자가 논증대화의 참여자로서 자신의 가치와 이익에 비추어 수용할 수 있는 규범이다.

원리 U와 원리 D의 두 번째 커다란 차이는 원리 U의 경우 규범을 실행할 때 '예견 가능한 결과와 부작용'의 수용 가능성에 타당성이 의존한다는 점이다. 이 문구 덕에 하버마스는 자신의 의무론적 도덕이론에 결과주의적 직관을 삽입할 수 있다. 이런 점에서 하버마스의 논증대화윤리는 행위의 결과가 도덕적 가치 결정에 어떤 역할을 수행한다는 점을 부인하는 칸트와 거리를 둔다. 다소 이례적이라 할 수 있는데, 대개 의무론적 도덕이론은 행위자의 의도만이 행위의 도덕적 가치를 결정한다고 가정하기 때문이다. 예를 들어 내가 땅에 침을 뱉자 바람이 불어 행인이 침을 맞았다면, 결과주의 이론은 내 행위가 도덕적으로 그르다고 말하겠지만, 의무론적 이론은 내 행위가 부주의하지 않았고 해를 끼칠 의도가 없는 한 도덕적으로 그르지 않다고 말할 것이다.

마지막으로 원리 U는 원리 D보다 논증대화나 합리적 동기에 따른 합의에서의 수용 가능성이 어디에 있는가를 더 상세하게 알려준다. 원리 U에 따르면 모든 타당한 도덕규범은 각 개인의 이익을 '평등하게 고려'해야 하며, 합리적 논증대화에서 모든 사람이 자유롭게 수용할 수 있어야 한다(BFN, 108). 요약하면 원리 U는 규범이 하버마스가 말한 '보편화 가능한' 이익을 구현한다고 입증된다면, 그리고 오직 그 경우에만 타당하다.

보편화 과정으로서의 도덕적 논증대화

보편화 가능한 이익이 무엇인지 이해하려면 원리 U의 명칭을 정하는 보편화 과정을 살펴봐야 한다. 도덕원리를 보편화 가능성 검사로 파악한 최초의 도덕철학자는 칸트다. 칸트의 첫 번째 정언명령 정식(5장을 보라)은 자신을 예외로 두어서는 안 된다는 대단히 일반적인 직관을 포착하는 특징이 있다. 하지만 칸트의 이론은 유명한 난점에 봉착하는데, 칸트가 보편화 가능성을 한낱 준칙의 논리적 속성 또는 합리적 속성으로 보기 때문이다. 예컨대 준칙 '항상 약속을 지켜라'는 당연히도 보편화 가능하겠지만, 그 자체로는 왜 약속을 지켜야 할 도덕적 책무가 있는지를 설명해주지 않는다. '일찍 자고 일찍 일어나라'는 보편화 가능한 준칙이다. 그러나 이 준칙은 훌륭한 조언일 수는 있어도 도덕적 책무가 아님은 명백하다. 비슷하게 한 행위의 도덕적 그름을 개인의 추론에서 나타나는 일종의 논리적 비일관성으로 설명할 수 있다는 견해도 의문스럽다. 모든 사람이 항상 약속을 어기는 세상을 의욕하는 것은 불가능하다는 이유로 약속을 어기면 일관성이 없다고 지적하더라도 약속 어기기가 도덕적으로 그른 부분을 보여주지는 않는다. 우리는 추론 능력이 없는 사람에게 도덕적 반대를 표하지 않는다. 이런 이유로 하버마스는 칸트와 판이한 방식으로 보편화를 이해한다. 하버마스에게 보편화는 개인의 정신적 절차가 아니라 사회적 절차다.

하버마스는 미국의 실용주의 사회철학자 미드에게서 보편화를 이해하는 관점을 가져온다. 미드는 『정신, 자아, 사회』에서 '우리가 도덕적 존재라는 말은 곧 우리가 사회적 존재라는 말과 같다'라고 말한다. 미드는 보편화 검사를 개별 인간이 사회질서로 통합되는 방식, 곧 미드가 말하는 '이상적 역할 채택ideal role taking'으로 본다. 팀 경기에 임하는 선수처럼 도덕적 행위자는 다른 모든 도덕적 행위자의 입장에 자신을 투사함으로써 협업한다. 미드는 이를 '일반화된 타자gneralized other'의 태도를 취하기로 부르지만, 미드가 말한 뜻은 기본적으로 나머지 팀원과 합을 맞추기다.

자신을 한 팀에 통합하기란 꽤 까다로운 일이다. 통합은 단지 다른 사람이 생각하는 바를 생각하고 다른 사람이 하는 일을 그대로 행동하는 식으로는 이루어질 수 없다. 통합은 이차적 태도, 즉 다른 사람의 태도에 대한 태도를 취하고 이에 비추어 나의 일차적 태도를 교정하는 것을 포함하는 반사적 과정a reflexive process이다. 도덕적 유사성은 사회의 각 행위자가 다른 사람의 행동을 향한 자신의 기대를 시금석 삼아 자신의 행동을 교정해야 한다는 사실이다. 이 기대는 곧 자신에 대한 타인의 관점과 서로에 대한 관점을 채택함으로써 생기는 기대다.

미드는 개인의 특수한 욕구와 이익에 따라 그 사람의 관점이 주어진다고 논한다. 결과적으로 일반화된 타자의 태도를 취한다는 말은 '관련된 모든 이익을 고려하는' 관점을 채택하라는 뜻이다. 도덕적 행동은 다른 모든 사람의 이익을 이해하고 인정한 바에 비추어 자신의 고유한 이익을 수정하는 문제이자 타인의 이익과 밀접한 관련이 있는 '보다 큰 자아' 발달로 귀결되는 과정이다.

하버마스는 미드에게서 몇 가지 교훈을 얻는다. 첫 번째로, 이상적 역할 채택은 1인칭 관점에서 3인칭 관점으로의 전환을 포함하지 않는다. 아니, 사실 그런 전환을 금지한다. 보편화를 시도하는 사람은 생활세계를 살아가는 행위자로서 자신의 1인칭 관점을 끊어내고 자신이 처한 상황에서 초월적인 3인칭 관점을 취하는 식으로 중립성을 확보하려고 해서는 결코 안 된다. 도덕적 책무는 1인칭 관점에 있는 우리에게 말을 걸어오며, 도덕적 책무를 생각하는 관점은 1인칭 관점이어야 한다. 도덕적 논증대화의 참여자는 이상적 추론자나 한낱 합리적 선택자가 아니다. 도덕적 논증대화의 참여자는 생활세계를 살아가는 행위자인 실제 인간으로, 이들은 생활세계에 속하기에 논증대화 규칙을 따를 수 있다. 그 결과 참여자는 자신을 하버마스가 말한 '이상화된 우리-관점an idealized we-perspective'에 속한 존재로 바라볼 수 있다.

> 우리 각자는 문제의 행위를 수행하거나 문제의 규범을 채택
> 할 때 영향 받는 모든 사람의 입장을 취할 수 있어야 한다
> (JA, 49).

두 번째로 중요한 교훈은, 이상적으로 볼 때 유한한 개인의 관점이 하버마스식 '무제한적 의사소통 공동체'의 규제적 이상으로 확장되려면, 현실적 논증대화를 수행해야만 한다는 점이다(JA, 51). 논증대화가 현존하지 않는 사람들을 포함하도록 확장되어야 한다고 해도, 규범을 정당화하려면 실제 논증대화를 현실에서 수행해야 한다(MCCA, 94). 셋째로 논증대화는 본질적으로 **대화적**dialogical이다. 준칙의 보편화 가능성을 대상으로 한

칸트의 **독백적**monological 검사와 달리, 추론하는 개인 혼자서는 도덕적 논증대화를 수행할 수 없다. 넷째이자 마지막으로, 하버마스는 논증대화가 개인이 자신을 사회에 통합하는 과정이라고 결론 내린다. 적절하게 사회화된 도덕적 행위자는 자신의 개인적 이익과 정체성을 집합적 이익에 맞춘다. 개별 행위자는 타당한 규범에 따라 행위함으로써 공동선에 기여한다. 하버마스의 입장에서 타당한 규범은 '보편화 가능한 이익'을 담고 있다는 논제와 타당한 규범은 '모두에게 동등하게 좋은 것'이라는 주장은 동치다. 이렇게 해서 1인칭 관점과 2인칭 관점을 포기하는 비용을 지불하지 않고도 일종의 불편부당성을 얻는다.

전반적인 구도는 다음과 같다. 도덕적 논증대화는 후보 규범에 잠재적으로 영향 받는 모든 타인의 관점에서도 그 규범을 기꺼이 받아들일 수 있는지를 알아보기 위해, 참여자가 이들의 입장을 취하도록 한다. 예를 들어 부자나 시장에서 잘 먹히는 기술이 있는 고학력자는 불공정한 조세 부담을 부과한다는 이유로 사회복지를 폐지하자는 주장을 받아들일 공산이 크다. 그러나 이들이 가난하거나 기술이 없다면 그 정책을 받아들일까? 원리 U는 이들이 빈자와 기술 없는 자의 관점으로 전환하도록 하여 특정 개인이나 집단에 유리하게 작용하는 규범을 제거한다.

원리 U의 정당화

하버마스의 도덕적 관점 설명은 근대 도덕적 행위자의 일상적 직관을 분석하여 논증대화윤리의 두 원리인 D와 U를 발굴하는 형식이다. 두 원리는 논증대화 절차를 포착한다. 생활세계의 행위자는 이 논증대화 절차를 이용하여 어떤 도덕규범이 타당한지를 판단한다. 말하자면 특정 상황에서 특정 행위의 그릇됨이나 허용 가능성을 판별할 수 있는 정보를 얻는 것이다.

도덕적 관점 설명은 애초에 도덕적 전제에서 출발하기에 도덕적 관점을 철학적으로 정당화하는 작업이 아니다. 이 작업은 도덕적 관점이 있음을 가정하고 어떻게 이것이 가능한지를 묻는다. 하버마스의 도덕적 관점 정당화는 이런 가정을 하지 않는다. 도덕적 관점 정당화는 도덕원리 U를 형식적으로 도출하는 식으로 이루어진다. 하버마스는 원리 U를 비도덕적 전제에서 형식적으로 도출하지 않는다면, 원리 U가 문화적·역사적으로 우연한 일련의 가치를 표현한다는 점에서 그저 '자민족중심주의적 편견'에 불과하다는 의구심이 해소되지 않는다고 생각한다. 불행히도 하버마스 자신은 도덕원리의 형식적 도출 과정을 제시하지 않는다. 그런 도출이 이루어진 양 늘 가정하는데도 말이다.

하지만 하버마스는 원리 U를 형식적으로 도출하는 두 가지 전제가 무엇인지는 말해준다. 하나는 논증대화 규칙이고 다른 하나는 '원리 D가 표현하는 규범적 정당화 일반의 관점'이다 (TIO, 43). 문제는 두 가지 전제만으로 어떻게 원리 U를 논리적으로 추론하는지를 알 길이 없다는 것이다. 논증대화 규칙과 조건적인 원리 D를 아무리 뜯어봐도 하버마스가 원리 U와 쌍조건문 'V ↔ C'를 추론할 만한 것이 없다. 원리 D는 단순 조건문

'V → C'라는 점을 떠올려보라. 논증대화 규칙에는 '규범이 합의를 얻을 수 있다면 그 규범은 타당하다'('C → V')를 결론으로 이끌어낼 만한 내용이 없다. 정당화 논증이 작동하려면 보충 전제가 필요한 것이다.

현실적으로 하버마스가 보충 전제를 찾을 만한 곳이 딱 한 곳 있다. 바로 근대성 이론이다. 여기에는 난점이 있다. 논증대화윤리 프로그램과 독립적으로 근대화 이론을 확증할 가능성이 희박하다. 어쨌든 정당화 관계는 다른 방식으로 성립해야 한다. 그나마 희망을 걸어볼 만한 부분은 도덕에 관한 논증대화이론이, 일단 정당화되기만 한다면, 하버마스의 근대성 이론을 뒷받침하는 증거로 인정되리라는 사실이다. 그렇다면 원리 U의 형식적 도출이 없는 상황에서 논증대화윤리는 하버마스의 도덕적 관점 설명과 운명을 공유하는 것으로 보인다.

원리 U에 제기된 반론

이제 도덕에 관한 논증대화이론에 제기된 유명한 반론을 몇 가지 살펴보자.

군더더기 반론

우리는 보편화 검사의 요구 수준이 얼마나 높은지를 살펴봤다. 원리 U에 따르면 규범은 모든 당사자의 일반적 이익을 충족한다는 점이 입증되고 이를 근거로 모든 사람이 그 규범을 채택한다면, 그리고 오직 그 경우에만 타당하다. '모든 당사자'의 합의라는 표현에서 알 수 있듯이, 원리 U와 원리 D가 목표로 하는 합의의 범위가 너무 광범위하고 이상적인 역할 채택 과정이 과도하게 까다로우므로 원리 U는 매우 제한적일 수밖에 없다. 규범의 타당성을 이렇게 혹독하게 검사할 경우, 살아남은 후보 규범은 적을 것이며 그조차 극도로 일반적인 규범일 것이다.

하버마스는 이 반론을 처음 접하고 자신의 설명이 참이라면 타당한 도덕규범의 수는 극히 적으리라는 사실을 부인했다. 나중에 하버마스는 이 사실에 수긍하기는 했지만, 이를 이론의 단점이 아니라 장점으로 묘사한다. 논증대화윤리는 근대 도덕의 현실을 정확하게 반영한다. 하버마스가 논한 바에 따르면, 근대 다문화 사회에서 타당한 도덕규범의 수가 감소한다는 사실은 옳기는 하나, 결국 살아남은 도덕규범은 무엇보다도 핵심적이고 중요하다(JA, 91). 하버마스는 타당한 도덕규범이 실제로 핵심적이고 중대한 의미를 띠며 일부는 보편적으로 수용되고 있다는 점을 보여주기 위해 보편적 인권을 사례로 제시한다.

이 답은 군더더기 반론에 대한 설득력 있는 답인가? 그렇기도 하고 아니기도 하다. 보편적으로 수용 가능한 도덕규범이 있다고 해도 그 수가 많지 않다는 사실은 경험적으로 참이다. 그래서 이 사실을 보여준다는 이유로 도덕이론을 탓할 순 없다. 그렇다 해도 하버마스의 논증대화이론은 도덕의 본질적인 사회적·화용론적 기능을 설명하고자 한다. 하버마스는 타당한 규범의 희소성을 수긍했기에, 어째서 도덕적 논증대화가 여전히 생활세계의 갈등을 해소하는 기본 메커니즘이자 사회통합의 주요 수단인지 알쏭달쏭하다. 타당한 규범의 수가 적을수록 도덕적 논증대화로 해소할 수 있는 갈등의 수도 적다. 어느 경우든 도덕적 논증대화가 사회질서 설명에서 그토록 중심적인 이유를 알기는 어렵다. 실제로 사회를 묶어주는 과제는 타당한 도덕규범이 아닌 다른 무언가가 담당한다. 그러므로 갈등 해소의 화용론적 성공 외에 도덕적 논증대화를 고수하는 또 다른 이유가 있어야만 한다.

게다가 인권 논증대화가 널리 확립되어 있다는 사실이 도덕적 논증대화가 사회를 묶어주는 것이 틀림없음을 뒷받침하는 증거인지는 명백하지 않다. 전 세계인이 자기의 인권을 주저 없이 주장하는 이유는 권리가 권리 향유자의 이익을 보장해주기 때문일 수도 있다. 권리는 타인에게 의무를 부과한다. 하지만 타인을 향한 보편적 의무를 간절히 주장하고 이행하는 사람은 드물다. 이 사실은 하버마스의 말마따나 인권 논증대화가 확산되는 데 침탈적이고 이데올로기적인 이유가 있다는 의혹에 근거를 제공한다. 인권 논증대화 자체가 생활세계의 식민지화에 저항하는 원천이 아니라 생활세계의 식민지화를 보여주는 사례일지도 모른다.

대화─독백 구별에 제기된 반론

또 다른 반론들은 하버마스가 고안한 대화적 도덕이론과 독백적 도덕이론의 엄격한 구별을 표적으로 한다. 앞서 그중 한 가지를 살펴봤다. 하버마스는 대화적 도덕관과 비교할 때 칸트식의 독백적 도덕관은 홀로 추론하는 개인이 관점에 따른 오류와 편견을 범하는 경향이 있기에 곤경에 빠진다고 생각한다. 그러나 도덕적 논증대화의 현실적 참여자는 매우 적으면서 일반적으로 준수되는 규범에 영향 받는 당사자의 범위는 클 것이다. 이 문제에 관한 대화적 접근, 즉 논증대화가 개인의 독백적 판단보다 인식적으로 우월하리라는, 곧 올바를 개연성이 크다는 하버마스의 결론에는 실질적 근거가 없다. 규범은 유관 이유의 올바른 평가에 기반을 두는 한 정당화된다고 주장할 수 있다. 그런 이유로는 무엇이 모든 사람의 이익인가, 어떤 규범이 모든 사람의 이익을 충족하는가가 있다. 논증대화의 현실적 참여자 중 극히 소수가 규범의 타당성을 만족스럽게 확립할 수 있다면, 원칙적으로 각 개인이 스스로 그럴 수 없는 이유는 무엇인가? 하버마스의 생각처럼 합의가 있다고 해서 타당성이 생기지는 않는다. 이는 합의가 있다고 해서 각자가 개별적으로 올바르게 판단했다고 볼 수 없는 것과 마찬가지다.

순환성 반론

마지막으로 논증대화윤리는 순환성에 부딪힌다는 의구심이 든다. 이 의구심은 하버마스의 원리 U 도출, 논증대화윤리의 전반적인 논증, 논증대화 규칙을 표적으로 한다. 순환성 반론을 제기하는 이유는 논증대화윤리 프로그램이 도덕은 비도덕적 전제로 정당화되어야 한다고 가정하기 때문이다. 말하자면 논증대화윤리는 도덕적 회의주의자조차 이성적이라면 납득할 수 있는 논증을 제시해야 한다. 한편으로 이미 봤듯이 하버마스가 제시하는 비도덕적 전제는 원리 U를 입증할 만큼 강력하지 않다. 다른 한편으로는 하버마스 스스로 보다 풍성한 전제, 가령 근대성 이론이나 논증대화 규칙을 동원할 때마다 도덕적 가정을 밀반입한다는 점이 드러나며 순환성의 위험이 생긴다. 논증대화 규칙이 딱 맞는 예다. 논증대화 규칙 중 규칙 2. c)는 '모든 사람은 자신의 태도, 욕망, 필요를 표현하도록 허용된다'이다. 분명히 2. c)는 모든 사람에게 자신의 태도, 욕망, 필요를 표현하도록 허용하기에 논증대화 일반의 규칙이 아니다. 따라서 2. c)는 **잠정적으로**prima facie 도덕적 의미가 있어 보이며, 원리 U를 뒷받침하는 논증의 비도덕적 전제 또는 논쟁의 소지가 없는 전제로 취급할 수 없다.

하지만 하버마스가 어떤 식으로든 비도덕적 전제를 근거로 도덕원리를 정당화할 필요가 있다는 사실은 결코 명백하지 않다. 물론 하버마스는 악순환을 피해야 한다. 달리 말해 자신의 결론을 논증의 전제로 밀반입해서는 안 된다. 그렇다고 하버마스가 동원한 모든 전제가 도덕적으로 중립적이어야 하는 것도 아니다. 다만 논증대화윤리는 도덕적 회의주의자를 설득할 수 있는 입장이 아니라는 말이다. 이는 어떤 도덕이론에도 과한 요구인 것 같다.

7장

논증대화윤리 Ⅱ:
윤리적 논증대화와 정치적 전환

하버마스의 실천 이성 구분

하버마스는 원래 1980년대에 주창한 논증대화윤리 프로그램에서 '도덕'과 '윤리'를 서로 바꿔 쓸 수 있는 용어로 썼다. 1991년에 이르러서야 도덕과 윤리를 구별하기 시작했을 뿐이다. 그러나 하버마스는 수정된 프로그램을 계속해서 '논증대화윤리'로 부르는데, '도덕에 관한 논증대화이론'으로 재명명하는 것보다는 간결하기 때문이다. 실제로 하버마스는 1990년대의 수정된 프로그램에서 도덕적 논증대화, 윤리적 논증대화, 실용적 논증대화라는 삼중 구별을 도입한다. 각각은 실천 이성의 상이한 용례를 가리킨다. 이 수정의 진짜 중요성은 윤리적 논증대화라는 분리된 범주를 도덕적 논증대화에 나란히 도입하는 지점에 있으며, 이런 방식으로 정치이론 프로그램에서 논증대화의 두 영역이 재설정된다.

도덕적 논증대화와 구별되는 윤리적 논증대화의 성질과 기능을 검토하기에 앞서 우선 하버마스가 실용적 논증대화의 '실용적pragmatic'이라는 용어를 사용하는 방식을 간단히 살펴봐야 한다. 지금까지 '실용적'이라는 용어는 무언가의 사회적 기능이나 사용을 지시했다. 하버마스의 도덕관이 **화용론적**pragmatic인 이유는 도덕적 논증대화를 갈등 해소의 사회적 메커니즘으로 보기 때문이다. 하버마스의 의미 이론이 화용론적인 이유는 언어 사용을 행위를 조정하고 사회질서를 확립하는 한 방법으로 보기 때문이다. 그러나 수정된 프로그램에서는 '실용적'이라는 용어를 좁은 의미로 도입하고 있다. 실용적 논증대화의 주제는 주어진 목적을 실현하는 수단의 합리적 선택이다. 실용적 논증대화는 목적의 선택을 전혀 논하지 않는다. 실용적 논증대화는 도구적 추론의 대화적 형태다. 또한 실용적 논증대화는 특히 정치와 법 영역과 관련 있는데, 정치와 법이야말로 실현 가능성을 주제로 하는 영역이기 때문이다.

윤리적 논증대화란 무엇인가?

헤겔 시대 이전까지 도덕과 윤리는 통상 같은 의미였다. 하지만 두 용어는 인간 삶을 사유하는 서로 다른 전통을 대표한다. 하버마스가 자주 지적했듯이 '윤리'는 고대적 용례와 근대적 용례가 있다. '윤리'는 고대 그리스어 단어인 **에토스**ethos에서 유래하며, 에토스는 **폴리스**polis 또는 도시국가의 관습을 가리키기도 하고 거기 사는 주민이나 시민의 습관 및 성격을 가리키기도 하는 말이다. 근대에는 헤겔이 공동체의 구체적 삶의 방식을 지시하고자 흔히 '윤리적 삶'으로 번역하는 **인륜성** Sittlichkeit이라는 용어를 썼다. 이런 삶의 방식은 한편으로는 공동체의 가치, 이상, 자기 이해로 충만하고 다른 한편으로는 공동체의 관행, 제도, 법도 포괄한다.

하버마스의 윤리적 논증대화관은 몇 가지 구별되는 특징이 있다.

1. 윤리적 논증대화는 '목적의 선택'과 '목표의 합리적 평가'에 관여한다는 의미에서 '목적론적'이다(JA, 4). 실용적 논증대화가 한 사람이 바라는 목적을 주어진 것으로 보고 목적 달성에 최적인 수단을 숙고한다면, 윤리적 논증대화는 그 목적을 평가한다.

2. 윤리적 논증대화는 '나에게 좋은' 것 또는 '우리에게 좋은' 것을 판단하는 방식으로 목적을 평가한다(DEA, 41; JA 5, 8). 여기서 말하는 '좋은' 것은 특수한 선이지, 보편적 선이 아니다. 이와 대조적으로 도덕은 옳고 그름의 문제를 다룬다. 그 문제는 모든 사람에게 똑같은 방식으로 영향을 주므로 좋은 것이라면 보편적으로 좋고, 나쁜 것이라면 보편적으로 나쁘다. 윤리적 논증대화가 다루는 선 개념은 한 사람의 개인적 인생사 및 공동체의 집단적 삶

양자와 관련 있다. 하버마스는 개인적 삶을 주제로 하는 논증대화를 '윤리적-실존적' 논증대화라 부르고, 집합체나 집단을 다루는 논증대화를 '윤리적-정치적' 논증대화라 부른다.

3. 윤리적 논증대화는 타산적이다. 즉 모든 것을 고려할 때 현재의 행복만이 아니라 미래의 행복과 우리의 행복에 비추어 욕망 및 목적 충족을 구조화하는 방식을 주제로 한다.

4. 윤리적 논증대화에서는 개인의 인생사에 관련된 가치와 그 개인이 속한 특수한 전통 또는 문화 집단에 관련된 가치가 가장 두드러진다. 하버마스의 가치 개념은 매우 구체적이다. 가치란 문화나 윤리적 삶을 구성하는 기본적인 상징적 요소다. 가치가 기본적이라는 말은 곧, 가치를 보다 단순한 개념으로 분석할 수 없으며, 말하자면 선호, 욕망, 욕구, 이유 따위의 좀 더 원초적인 어휘로 설명할 수 없다는 말이다. 가치가 선호를 결정하지, 그 반대가 아니다. 가치는 우리의 욕구, 욕망, 이익을 조형하는 데 도움을 주고, 이것들은 바로 생물학적 작용이나 사회적 유산이 전적으로 형성하여 우리에게 주어지는 대상이 아니라 늘 해석이 필요한 대상이다. 가치는 특정 공동체의 직물 구조에 단단하게 묶여 있기에, 공동체의 제도와 관행에 사회화되는 각 개인은 공동체의 기본적 가치를 흡수하고 내면화할 것이다. 그래서 이런 가치는 개인의 자아 정체성을 구성하는 핵심 요소를 형성하게 된다. 이런 이유로

가치는 마치 자연적 사실처럼 '바깥에' 우리와 독립해 있지 않다. 가치는 우리에게 각인되어 있고, 우리는 가치 한가운데에 있다. 결국 개인적 가치는 해석이 필요하고 점진적으로 변화하기는 해도, 인간이 쉽사리 버리거나 떼어낼 수 있는 무언가가 아니다. 마지막으로 가치는 그 성질상 점진적이지만 규범은 절대적이다. 다시 말해 가치는 높고 낮은 정도가 있는 반면에 규범은 타당하거나 타당하지 않거나 둘 중 하나다. 한 행위가 다른 행위보다 도덕적으로 더 그르다는 말은 성립하지 않는 한편, 한 선택이 다른 선택보다 나은 선택이라는 말은 완벽하게 성립한다.

5. 하버마스가 선 개념과 가치 개념을 이해하는 방식은 윤리적 논증대화의 논리적 특징과 관련이 있다. 윤리적 논증대화가 쟁점으로 삼는 선호의 조언, 판단, 서열화는 오직 '상대적' 타당성 또는 '조건적' 타당성만 있다. 반면 성공적인 도덕적 논증대화가 쟁점으로 삼는 규범은 보편적·무조건적으로 타당하다. 타당한 도덕규범은 상이하고 충돌하는 문화적 전통을 가로지른다고 여겨지지만, 가치는 오직 특정한 전통이나 문화 집단 내에서만 통용된다.

6. 윤리적 논증대화의 주제는 개인이나 집단의 자기 이해다. 개인에 관해서든 집단에 관해서든 윤리적 문제는 넓은 의미에서 해석학적 문제다. 윤리적 문제는 자기 명료화, 자기 발견, 그리고 일정 부분 자기 구성을 목표로 한다. 성공적으로 제기된 윤리적 문제의 쟁점은 어떤 목적, 가치

또는 이익을 자신의 전반적인 선을 위해 추구할 것인가 하는 판단이나 조언이다(JA, 9; BFN, 151-168; DEA 38-50).

윤리적 논증대화의 도덕적 논증대화의 차이 개요

	윤리	도덕
기본 개념	좋음/나쁨	옳음/그름, 정의/부정의
기본 단위	가치	규범
기본 물음	나에게 좋은 것 혹은 우리에게 좋은 것은 무엇인가?	무엇이 정의로운가? 나는 무엇을 해야만 하는가? 그 이유는 무엇인가? 무엇이 옳은가?
타당성	상대적, 조건적	절대적, 무조건적
이론의 유형	타산적, 목적론적	의무론적
목표	조언, 판단, 선호 순위 매기기	타당한 규범 확립, 의무의 발견

7. 윤리적 논증대화는 진정성authenticity에 관한 타당성 주장을 제기한다(DEA, 41). 이 타당성 주장이 진리, 정당성, 진실성이라는 세 가지 다른 타당성 차원에 어떻게 들어맞는지는 그리 분명하지 않다. 진정성은 실천적 영역에서 진실성과 유사한 것 같다. 진정성은 하버마스의 정돈된 삼단 도식에 부합하지 않는데, 이는 하버마스가 이 수정 사항을 논증대화윤리에 도입할 당시에 소급하여 자신의 화용론적 의미 이론과 양립할 수 있도록 신경 쓰지 않았

기 때문이다. 이처럼 무언가 들어맞지 않는다는 데서 우리의 도덕관은 하버마스의 깔끔한 개념적 구별이 묘사하는 바보다 훨씬 너절함을 알 수 있다.

윤리적 논증대화의 타당성과 범위

윤리적 논증대화를 규정하는 특징 중 한 가지는 여기서 쟁점이 되는 조언이 단지 '상대적' 타당성이나 '조건적' 타당성만 있다는 점이다. 하버마스는 상대적 타당성이 무엇인지를 자세히 논하지 않지만, 이 문제가 범위의 문제임을 추측할 수는 있다. 타당한 도덕규범은 논증대화의 모든 참여자 또는 규범이 실행될 때 영향 받는 모든 당사자에게 보편적 구속력이 있다고 여겨진다. 반면 윤리적 가치나 윤리적 판단은 관련 집단의 구성원에게만 구속력이 있다. 물론 그렇다 해도 한 집단의 구성원이 자신의 선관이 함유하는 어떤 측면에 관한 판단, 그러니까 공유하는 가치를 표현하는 판단에 집단적으로 그리고 자유롭게 동의할 수 있다는 사실은 일정한 정당화의 힘이 있어 보인다. 비록 다음에서 보듯이 반대되는 도덕적 고려 사항을 압도할 정도의 힘은 아니지만 말이다.

그리고 문화 집단은 윤리적 가치와 선을 연결하는 틀을 제공한다. 여기서 문화 집단의 기준과 정당한 평가 틀의 문제가 생긴다. 내 생각에 하버마스는 이 문제를 상당 부분 경험적인 사회학적 문제로 가정한다. 하지만 이 문제는 철학적 관심이 미치는 문제이기도 하다. 한 예로 특정한 문화 집단을 이야기할 때, 보통은 모든 왼손잡이, 모든 여성 또는 축구 클럽 아스널의 모든 팬을 포함하지는 않는다. 이들은 전체 집단의 모든 구성원이거나 어떤 집합의 구성원이기는 하겠지만, 그런 구성원 지위는 개인의 삶에는 중대한 윤리적-실존적 중요성이 있을 수 있어도 윤리적-정치적 중요성은 없다.

적절한 의미에서 한 문화 집단의 구성원 지위는 완전히 다른 유형의 관계다. 우선 집단은 삶의 많은 측면을 지배하는 공통 특징이 있고 집단에서 자라 사회화되는 개인의 모습을 형성한다. 이는 집단의 자기 보존 및 재생산이 가능한 만큼, 그리고 집단의 공통 특징을 보존하고 재생산할 수 있을 만큼 문화 집단이 커야 한다는 뜻이다. 집단의 구성원 지위는 상호 인정의 문제이기도 하다. 즉 한 개인은 무엇보다도 집단의 구성원으로 인정받는 경우에만 집단의 구성원으로 취급된다. 다음으로 구성원 지위는 개별 구성원의 자기 정체화와 자기 이해에 중요하며, 타인이 자신의 정체성을 확인하고 이해하는 한 가지 중요한 방식이다. 마지막으로 구성원 지위는 주로 소속의 문제다. 문화 집단은 행정적 메커니즘에 따라 가입할 수 있는 클럽이 아니다. 집단에 속하는 일은 간단하지 않다. 개인이 집단에 속하려면 집단 문화를 흡수하고 그 문화에 수용되는 유구하고 까다로운 과정을 거쳐야 한다.

이런 기준을 보면 왜 모든 아스널 팬, 모든 왼손잡이, 모든 여성이 비슷한 경험을 겪어도 하버마스의 윤리적 논증대화 개념이 요구하는 의미로는 문화 집단이 아닌지를 알 수 있다. 이 사실이 중요한 이유는, 하버마스가 이해관심을 공유하는 사람들의 모든 집합이 윤리적 평가의 틀로 기능하는 문화 집단을 이룰 여지를 허용해서는 안 되기 때문이다. 잉글랜드에서 여우 사냥꾼과 야외 스포츠 애호가는 자신이 주류 도시민의 오해를 사는 시골 사람이라는 문화 집단에 속한다고 믿는다. 이를 근거로 이들은 정부의 여우 사냥 금지 발의안에 항의한다. 물론 여우 사냥에 관심 있다면 누구라도 여우 사냥이 좋은 것이라는 데에 자유롭게 동의할 수 있다. 이는 누구라도 브리지 게임 하기나 밥 딜런 노래 듣기에 관심 있다면 이 행동이 좋은 것이라는 데에 동의할 수 있는 것과 마찬가지다. 그렇다고 동의가 있었다고 해서 여우 사냥이 윤리적이든 다른 방식으로든 정당화된다는 뜻은 아니다. 이 이익 집단 또는 로비 집단은 적절한 의미에서 집단이 아니다. 단지 선호를 공유하는 개인의 모임일 뿐이다. 이들은 윤리적 논증대화를 거쳐 명료화할 필요가 있는 일종의 전통을 형성하지도 않는다. 단지 그 집단이 있다는 사실만으로도 집단의 진정한 이해관심이 무엇인가 하는 문제에 답할 수 있다. 잉글랜드 여우 사냥꾼과, 사냥을 공통의 삶의 방식에 속하는 가치 있는 것으로 여기는 칼라하리의 부시맨을 대조해보라. 이런 사람들의 입장에서는 사냥을 금지하면 고유의 삶의 방식과 문화적 정체성을 진정으로 위협하는 셈이다.

윤리적 논증대화의 사회적 기능

윤리적 논증대화는 한 개인의 인생사나 한 집단의 문화를 주제로 하는 만큼 상이한 사회적 기능을 한다. 근대 사회가 서로 다르고 모순되는 선관을 지지하는, 상충하는 전통과 문화 집단으로 이루어져 있다는 사실을 감안할 때, 공유된 가치야말로 근대 다문화 사회의 갈등을 해소하는 열쇠라기보다 집단 갈등의 뿌리라고 보는 것이 더 그럴 듯하다. 임의로 사례를 들어보자. 영국에서는 이민자 2세, 3세에 해당하는 딸의 결혼을 주선하는 문제로 갈등이 빈번하게 일어난다. 부모 입장에서는 딸에게 거는 소망과 기대에 비추어 자신의 본래 풍습과 관습을 물려주고 싶다. 하지만 딸이 자신이 성장한 문화에서 흡수한 개인적 자율성과 낭만적 사랑 따위의 가치에 비추어 나름대로 선호와 기대를 품는 경우는 흔하다.

하버마스의 이론에서는 가치가 극도로 까다로운 논쟁의 원천이라는 상황을 두고 어떤 가치에도 호소하기를 피하는 방법으로 논쟁을 풀어가자고 반응할 수 있다. 이 점이야말로 원리 U에 따르는 도덕적 논증대화의 목적이다. 규범은 가치가 아니다. 규범은 생활세계의 의사소통적 구조에 닻을 내리고 있는 행동 규칙으로, 대단히 일반적이고 보편적인 공유된 이익에 기반을 둔다. 따라서 생활세계의 논쟁 당사자가 가장 먼저 의지할 곳은 바로 도덕적 논증대화다. 그러나 보편적으로 타당한 규범은 희귀하기에 그런 갈등을 도덕적 규제로 해결하기가 여의치 않을 때가 있다. 어떤 경우에는 윤리적 논증대화가 도움이 될 수 있다. 그 경우 윤리적 논증대화는 가장 먼저, 모든 것을 고려할 때 당사자의 최선의 이익을 논의하고 명료화하는 작업을 포함할 것이다. 게다가 그 문화의 고유한 가치를 비판적으로 평가하는 작업과 당사자의 개인적 상황 및 인생사를 숙고하는 작업도 불가피하게 포함할 것이다.

도덕적 논증대화와 마찬가지로, 특유의 방식으로 관련된 당사자를 제외한 그 외 사람들은 윤리적 논증대화를 수행할 수 없다. 누구도 윤리적 논증대화의 결론을 미리 결정할 수 없다. 특히 도덕철학자는 더욱 그렇다. 시나리오 하나를 살펴보자. 딸이 스스로 남편감을 택하기를 바란다고 들은 부모는 딸의 선택을 물리친 후, 딸에게 최선의 이익이 된다고 여기는 결정을 내려 결국 딸의 의사에 반하는 결혼을 종용한다. 대안 시나리오에서는 당사자인 부모와 딸이 갈등을 피하고자 자신의 이익과 가치를 조정하고 다듬고 재해석한다. 이를테면 부모가 신부인 딸과 협의해 결혼을 진행해야 함을 수긍할 수도 있다. 이로써 딸은 개인적 자율성과 낭만적 사랑의 가능성이 자기 세대에서는 낯선 문화적 전통에 의해 희생당한다고 느끼지 않게 된다. 이런 시나리오가 가능한 이유는 문화가 내재적으로 복잡하고 다면적이며, 문화의 상이한 측면에 비추어 사람들의 특정한 이해관심을 교정하고 해석할 여지가 있기 때문이다.

이 대안은 윤리적 논증대화의 중요한 특징을 짚어준다. 근대화는 전통의 비판적 평가를 동반한다는 하버마스의 논제를 떠올려보라. 전통은 윤리적 논증대화에서 숙고되는 과정을 거쳐 천천히 변화한다. 어떤 전통의 줄기는 자기의식적으로 지속되며 다른 줄기는 소멸한다. 가치, 선관, 자기 이해는 고정불변하지 않으며 항시 재해석 과정을 거친다. 개인 정체성과 더불어 집단 정체성을 문자 그대로 일종의 기획으로 생각해야 한다. 즉 우리는 현재의 우리 모습과 앞으로 되길 바라는 우리 모습 사이에서 부유하고 있다.

윤리에 대한 도덕의 우선성

하버마스는 근대화를 거치며 좋은 삶의 문제에서 보편적 정당성 혹은 보편적 정의의 문제가 점차 분리되며, 서로 충돌하고 모순되는 다양한 구체적 선관이 대체로 동질적인 종교 전통에서 천천히 출현한다고 본다. 이를 근거로 하버마스는 도덕과 윤리를 동일한 문제를 다루는 두 경쟁 접근으로 보는 것이 잘못이라고 생각한다. 도덕과 윤리는 우리의 일상적 자기 이해를 이루는, 서로 구별되지만 상보적인 요소다. 하버마스는 논증대화윤리가 도덕적 논증대화와 윤리적 논증대화를 택일하지 않고 양자를 모두 품을 수 있다는 사실을 현상학적 자산으로 받아들인다.

하버마스, 그리고 도덕적 논증대화의 우선성
하버마스가 민주주의 이론과 법 이론에 더 많은 관심이 생기면서 윤리적 논증대화 개념이 하버마스 사상에서 차지하는 역할도 점점 중요해졌다. 그럼에도 하버마스는 여전히 도덕의 우선성을 고수한다. 하버마스는 몇 가지 근거를 들어 도덕의 우선성을 옹호한다. 첫째, 실용적으로 말해서 도덕적 논증대화는 생활세계를 살아가는 행위자 사이에서 일어나는 갈등 해소의 기본 설정 메커니즘이다. 이는 윤리적 논증대화와 달리 도덕적 논증대화는 정당화 과정에서 가치를 배제함으로써 까다로운 갈등의 소지를 피해가기 때문이다. 둘째, 원리 U와 U를 사용하여 나온 각각의 타당한 규범이 생활세계의 의사소통적 구조에 닻을 내리고 있다는 사실 덕분에 도덕적 논증대화는 윤리적 논증대화에 사회 존재론적 우선성이 있다. 규범적 정당성은 문화적 가치가 아니다. 설혹 대단히 널리 통용되는 문화적 가치라도 말이다. 규범적 정당성은 논증대화 규칙이 함유한, 모든 사람을 향한 평등한 존중과 보편적 연대성이라는 의사소통적 이상을 구현한다. 그리고 규범적 정당성은 진리와 유사한 타당성을 구체화한다. 근대 사회의 의사소통적 행위자는 그런 타당성 없이는 지금처럼 살아갈 수 없다. 마지막으로 근대화 이론과 콜버그의 도덕발달 모델이 도덕의 우선성 논제를 뒷받침한다. 탈관습적 주체의 자아 정체성은 어떤 특수한 전통에도 뿌리를 두지 않는다는 점에서 추상적이다. 이 점은 탈관습적 주체가 정체성 및 최상의 삶이라는 실체적 물음을 제기하기 앞서, 도덕적 사안을 반성적으로 결정하기 위한 논증대화적 절차를 채택하는 성향이 있다는 사실로 나타난다.

그 결과 도덕은 윤리에 제약을 건다. 하버마스에 따르면 윤리적 논증대화는 이미 도덕적 허용 가능성의 경계 내에서 작동하는 정당화의 원천이다. 윤리적 숙고를 했더니 도덕규범을 위반하는 판단을 내렸다고 하자. 앞의 사례를 가져와서 부모가 딸의 의사에 반해 모국으로 돌아가도록 강요하는 것이 최선의 길이라는 결론을 내렸다고 하자. 이 경우 참여자들은 문제가 된 행위의 규범적 정당성을 주제로 하는 도덕적 논증대화로 진입하고, 더 나아가 행위의 위법성을 다뤄야 할 수도 있다. 하버마스의 틀에서는 윤리적 고려 사항을 제아무리 잘 정당화했더라도, 그리고 특정한 문화적 가치가 제아무리 중요하다 해도, 타당한 도덕규범이 이를 언제나 기각할 수 있다. 동원 가능한 도덕규범은 이와 충돌하는 모든 윤리적 가치를 능가한다.

롤스와 옳음의 우선성

이 지점에서 논증대화윤리를 미국 정치철학자 존 롤스의 후기 연구와 비교할 만하다. 롤스는 좋음에 대한 옳음의 우선성 논제를 옹호한다. 두 입장의 유사성은 우연이 아닌데, 그 까닭은 1990년대에 논증대화윤리를 수정한 내용이 롤스의 지대한 영향을 받았기 때문이다. 롤스는 옳음과 좋음이 상호 보완적 개념이라고 생각한다. 여기서 말하는 옳음은 실행 가능한 근대적인 공정으로서의 정의관이 반드시 '형이상학적이 아니라 정치적'이어야 한다는 롤스의 논제와 관련하여 이해해야 한다. 롤스는 근대 사회가 더는 문화적으로 동질적인 사회가 아니라고 본다.

오히려 근대 사회는 지지자를 얻으려고 경쟁하는 복수의 세계관과 '포괄적 신조comprehensive doctrines'로 이루어진다. 이 사실을 고려하면, 질서정연한 사회의 법적·헌법적 틀은 어떤 특정한 세계관의 진리 여부에 의존하거나 이를 전제해서는 안 된다. 이것이 정의는 형이상학적이 아니라 정치적이어야 한다는 논제의 소극적 의미다. 따라서 롤스는 '회피의 방법method of avoidance'으로, 즉 논란의 소지가 있는 도덕적·종교적 가치를 정치적 정당화 과정에서 배제하는 방법으로 논쟁을 최소화하는 길을 권한다.

적극적 측면에서 보면 정치적 정당화는 모든 상이한 문화 및 세계관을 아우르는 폭넓은 승인을 얻은 일반적인 개념·가치에 호소한다. 일반적인 개념·가치는 롤스가 말하는 가치의 우연한 '중첩적 합의overlapping consensus'의 일부이다. 이 대목에서 주의해야 한다. 롤스는 '합의'를 이해나 동의에 도달하는 과정이나 그 과정을 따라 나온 결과를 뜻하는 용어로 쓰지 않는다. 롤스의 입장에서 신념이나 가치가 중첩적 합의의 일부가 되는 경우는 모든 사람이 전통이나 세계관과 무관하게 그 신념이나 가치를 수용할 이유가 있다고 볼 수 있는 경우다. 이들이 어떤 근거로 신념이나 가치를 수용하는지는 중요하지 않다. 그중 가장 중대한 개념은 바로 자유롭고 평등한 시민들의 공정한 협동 체계로서의 사회 개념이다. 롤스는 이 개념이 도덕적 개념이지만 어떤 단일한 포괄적 신조에도 구속되지 않는다고 논한다. 공정한 협동 체계로서의 사회 개념은 모든 포괄적 신조에서 중시된다.

롤스는 옳음을 바라보는 관점 혹은 정의관이 이 정치적 정당화 기준을 충족한다면 합당하거나 정당화된다고 역설한다. 이는 정의관이 참이어서도 아니고 참으로 추정되어서도 아니다. 정의관의 진리/비진리 문제는 정치적 정당화 여부와 관련 없다. 정의관이 최소한의 논쟁만을 일으키고 최대한의 지지를 얻는다는 사실만이 관련 있다. 이런 식으로 옳음 또는 정의는 자유주의적인 정치적 틀을 세운다. 각 개인은 이 틀 안에서 자신의 선관을 다듬고 수정하고 추구할 자유를 누리는데, 정확히 다른 모든 사람이 마찬가지로 누리는 자유와 양립 가능한 정도만큼 그 자유를 누린다. 따라서 옳음은 시민이 지지할 수 있는 다양한 선관 및 포괄적 신조가 경쟁한다는 사실에 의존한다. 옳음과 좋음은 상호 보완적이다. '정의는 경계를 긋고 좋음은 요점을 보여준다.'

하버마스 대 롤스

하버마스와 롤스의 입장이 상당 정도로 일치함은 분명하다. 둘 다 합당한 다원주의의 사실을 받아들인다. 둘 다 도덕/옳음과 윤리/좋음 따위의 근본적 구별이 있다는 점과 적절한 이론이라면 양 개념을 수용해야 한다는 점에 동의한다. 또한 하버마스와 롤스는 옳음이 좋음에 우선성이 있다는 데 동의한다. 마지막으로 옳음의 우선성에 기능적 측면 또는 실용적 측면이 있다는 데도 동의한다. 옳음 개념은 특유의 불편부당성 덕분에 문화 및 세계관을 아우르고 폭넓게 수용되며, 그렇기에 사회적 안정성과 조화를 촉진한다.

그러나 두 철학자가 벌인 유명한 논쟁이 보여주듯이 불일치 지점도 있다. 하버마스는 문화적으로 다원적인 사회에서 범속하고 세속적인 도덕적 고려 사항이 우선한다고 가정하는 반면, 롤스는 이 지점에서 좀 더 불가지론적이다. 도덕이 세속적인지 종교적인지의 여부는 형이상학적 논쟁의 문제다. 하버마스는 롤스의 **정치적** 정의관이 사회적 안정성 확보라는 기능적·도구적 목적에 그 인지적 지위를 희생한다는 반론을 제기한다. 말하자면 정치적 정의관은 합리적 수용 가능성rational acceptability을 희생한다는 것이다. 정의의 원칙은 수용될 자격과 상관없이 단지 모든 사람이 수용하게 되었다는 이유로 합당한 원칙으로서 정당화된다. 이와 대조적으로 원리 U는, 보편화 가능한 이익을 구현한다는 사실을 입증했다는 근거에서 합리적으로 수용 가능한, 즉 모든 사람이 수용할 만한 모든 규범이, 그리고 그런 규범만이 정당화됨을 보장한다. 논증대화윤리에 따르면 도덕적 정당성은 타당성과 내재적으로 연결되며 진리와 유사하다. 그래서 하버마스는 도덕의 우선성을 지탱하는 근거로 한낱 기능적 근거만이 아니라 '인식적' 근거 및 '인지적' 근거를 제시하는 데에 힘을 쏟는다. 바꿔 말하면 하버마스는 도덕이 우연히 견지하는 가치의 표현이라기보다는 지식임을 보여준 셈이다.

롤스의 경우, 논증대화윤리가 논쟁적인 의미 이론에 기반을 두고 도덕이 세속적이라고 주장하는 바람에 졸지에 형이상학적 신조를 하나 더 개진하는 꼴이라고 응수한다. 롤스가 택한 회피의 방법은 세계관과 형이상학적 신조뿐만이 아니라 철학 이론과 메타윤리 이론에도 적용된다. 즉 도덕을 주제로 하는 이론에도 적용된다. 롤스는 정치철학이 요행에 이론적 성공이 좌우되도록 만드는 불필요한 일을 피해야 한다고 논한다. 확실히 롤스가 한 가지 측면에서는 옳다. 하버마스의 논증대화윤리 프로그램은 의미, 의사소통 등을 다루는 논쟁적인 철학적 입장의 커다란 보따리와 긴밀하게 묶여 있다. 이는 사실이나 하버마스의 주된 관심은 도덕에 관한 논증대화이론이 특정한 문화적 가치를 표현한다는 구체적 의미에서 형이상학적임을 부인하는 데 있다. 도덕적 논증대화는 형식적이고 보편적인 절차를 담는다. 참여자들은 이 대안 없는 절차를 수단으로 삼아 무엇이 도덕적으로 옳은지를 스스로 협동해서 결정한다. 그리하여 도덕적 논증대화는 윤리적 논증대화가 제 할 일을 할 수 있는 도덕적 허용 가능성의 경계를 긋는다. 물론 하버마스가 원리 U를 형식적으로 제시하지 못하기에 이 논증이 다소 약화되는 것은 사실이다.

롤스와 하버마스가 우선성 문제를 다루는 방식을 비교하면 배울 점이 많겠지만, 각자의 철학적 기획이 속한 맥락을 빼고 논하는 것은 오해할 소지가 있다. 롤스가 주장하는 옳음의 우선성 논제는 독특한 비형이상학적 정치관과 묶여 있다. 그 목적은 불필요한 논쟁에 면역되면서도 자신의 정의관을 지탱해주는 자립적 정치관의 밑그림을 그리는 것이다. 하버마스의 기획은 비교적 폭이 넓다. 그의 관심은 도덕·윤리·정치·법의 차원을 포괄하는 사회질서의 전 영역에 이른다. 하버마스는 도덕적 고려 사항이 논쟁적인 윤리적 가치에 호소해서는 안 된다고 생각하면서도, 롤스의 요구대로 정치가 자립할 가능성을 부인한다. 오히려 정치는 세 가지 상이한 종류의 실천적 논증대화를 자유롭게 이용하는 다양한 갈등 해소 메커니즘의 총체로 구성된다.

하버마스가 주장하는 도덕-윤리 구별의 지탱 가능성

하버마스는 도덕과 윤리의 역사적 구별이 모호하고 너절하지만, 양자를 개념적으로는 예리하게 구별할 수 있다고 역설한다. 타당한 규범은 가치와 근본적으로 다르다는 것이다. 원리 U를 따르는 도덕적 논증대화의 핵심은 모든 가치를 보편화 불가능한 것으로 보고 제거하는 데 있다. 그래야 원리 U가 합의를 가능하게 하는 논증 규칙으로 기능할 수 있다. 하버마스는 원리 U가 우연한 가치 집합에 의존하는 자민족중심주의적 편견에 지나지 않는다는 끈질긴 의혹을 벗겨내기를 원한다. 도덕원리는 근대 사회의 핵심부인 의사소통과 논증대화에 뿌리를 둔다. 진리와 정당성에 관한 타당성 주장은 행위 조정을 규제하고 사회질서의 기초를 제공한다. 혹여 하버마스가 도덕과 윤리의 구별 및 도덕규범과 가치의 구별을 어느 방향으로든 흐려버리면, 까다로운 갈등의 뿌리로 여기는 가치가 도덕의 영역으로 침투해 하버마스의 화용론적 도덕관 전체가 위태로워질 것이다.

문제는 하버마스의 구별이 기대보다 빈틈이 많다는 데서 발생한다. 매카시는 하버마스가 자연주의를 성급히 거부하려다가 욕구와 이익이 늘 문화적 가치에 따라 형성되고 해석된다는 주장을 고수한다고 지적한다. 여기서 자연주의란 모든 가치를 인간의 욕구와 이익에 관한 경험적 사실로 환원할 수 있다는 입장이다. 그러나 하버마스는 또한 도덕규범이 오직 보편화 가능한 이익이기는 해도, 어쨌든 이익을 구현한다고 주장한다. 그래서 하버마스는 결국 도덕규범이 가치에 의존한다고 보는 셈이다. 이때 가치는 논증대화의 행위자와 참여자가 자신의 욕구와 이익을 해석하는 기초가 된다. 이로써 하버마스는 예기치 않게 가치를 뒷문으로 들여 이와 결부된 도덕적 갈등이 발생할 가능성을 허용하는 꼴이다.

힐러리 퍼트넘Hilary Putnam은 같은 방향의 반론을 좀 더 밀고 나간다. 퍼트넘은 규범이 '두터운 윤리적 개념thick ethical concepts' 또는 가치를 전제한다는 점을 근거로 규범과 가치의 구별이 예리한 구별이 될 수 없다고 논한다. '친구에게 잘해라', '아동에게 잔혹하게 굴지 말아라' 따위의 규범은 우정이나 잔혹성 같은 가치를 전제하며, 이런 가치가 없다면 해당 규범을 규명하고 서술할 언어도 없다. 매카시와 퍼트넘이 옳다면, 타당한 규범은 희소할 뿐만 아니라 논쟁적인 문화적 가치와 불가피하게 얽혀 있다. 이 경우 행위자는 또 다른 갈등 해소 메커니즘을 찾고 사회 협동과 사회질서를 이룩하는 도덕 외의 경로를 탐색할 필요가 있을 것이다. 여기서 논증대화윤리 프로그램은 도덕과 윤리에서 정치와 법으로 향하는 중대한 전환을 감행한다.

8장

정치, 민주주의, 법

하버마스에 따르면 전통 사회는 공유된 에토스로 묶여 있다. 인간은 사회의 관행을 교육받고 이에 참여함으로써 사회 제도가 부드럽게 기능하도록 요구하는 역할과 의무에 적합한 정체성과 동기를 형성한다. 근대 사회는 복잡하고 다문화적이며 분화된 사회다. 근대 사회는 중앙 통제 기구가 없고 구석구석 힘이 미치는 단일한 전통, 세계관, 규칙으로 묶여 있지도 않다. 근대 사회를 살아가는 주체는 일반적·추상적 정체성이 발달한다. 즉 주체는 자신이 누군가의 자녀나 한 가정 또는 왕조의 일원, 아니면 한 국가의 시민이라고만 생각하지 않는다. 자신과 타인을 무엇보다도 일반 원리와 이에 적용되는 특수한 이유에 따라 삶을 살아가는 개별적 인간이자 자율적·합리적 존재로 여길 뿐이다. 주체의 추상적 정체성은 국적, 문화, 거주 국가, 직업, 이름 등이 변해도 유지된다. 근대적 주체성은 탈중심화되어 있기도 하다. 이는 논증대화, 특히 도덕적 논증대화 참여를 요구하는 지속적이고 불가피한 압력이 있어서, 개인이 다른 모든 사람의 관점을 취하는 이상적 역할 채택을 해야 하고 미드가 말한 보다 큰 자아가 발달할 수밖에 없기 때문이다(6장 참고).

하버마스가 근대적 조건에서 논한 원래의 논증대화윤리 프로그램은 도덕적 논증대화를 사회통합의 주요 메커니즘으로 본다. 도덕적 논증대화는 문화적으로 다양한 근대 사회에 적합한데, 도덕적 논증대화 덕분에 주체는 공존에 필요한 규칙을 스스로 집합적으로 결정할 수 있으며 이 규칙은 고도로 일반적이고 최대한 포용적이기 때문이다. 1980년대 후반 어느 시점에서 하버마스는 원래의 프로그램이 설명하는 도덕이 과도하게 협소하여 그에 할당된 핵심 사회적 기능을 하지 못한다는 점을 깨닫는다. 수정된 논증대화윤리 프로그램은 윤리적 논증대화 개념을 도입하면서 이 문제를 다루기 시작했고, 하버마스의 정치이론도 같은 방향으로 전개된다. 이 이론에 따르면 도덕적 논증대화만으로는 문화적으로 이질적인 사회의 갈등을 조정하고 사회질서를 유지하기에 불충분하다. 이는 타당한 도덕규범이 희소해서만도, 규범 자체가 논쟁적인 가치와 얽혀 있어서만도 아니다. 칸트의 비유를 쓰자면 인간이 '뒤틀린 목재 crooked timber'에서 잘려 나왔기 때문이기도 하다. 상황이 달라져서 근대 주체가 항상 도덕적으로 행동하는 신뢰할 만한 성향이 있다고 한다면, 도덕만 있어도 사회가 유지되고 작동하기에 충분했을지도 모른다. 현실은 그런 상황이 명백히 아니다.

하버마스의 민주주의 이론 및 법이론 프로그램은 도덕규범과 더불어 정치제도와 법이 근대의 사회질서를 구축한다는 사실, 그리고 그 정도가 더욱 커진다는 사실을 인정하면서 출발한다. 이 점에서 『사실성과 타당성』은 논증대화윤리를 보완하는 동시에 사회이론 프로그램을 이어가 완성한다. 이를 보고 하버마스 철학이 정치적 전환을 감행한다고 평할 수 있겠다. 아니, 이미 그런 평이 나왔을 것이다. 이 평이 옳다고 해도 놀라운 일은 아닌데, 많은 비판자가 하버마스의 사회이론과 도덕이론이 실은 위장한 정치이론임을 논하기 때문이다. 하지만 그렇다고 하버마스가 정치이론과 법이론을 취하고 도덕이론을 버릴 수 있는 것은 아니다. 사실 그럴 수도 없다. 하버마스의 입장에서 정치와 법은 도덕 없이는 작동할 수 없고, 그래서 정치이론과 법이론은 도덕이론에 의존하니 말이다.

하버마스의 정치관

'투 트랙' 정치구조

하버마스는 정치의 두 기본 영역을 비공식적 영역과 공식적 영역으로 구분한다. 비공식적 정치 영역은 의사소통·논증대화의 자생적이고 '혼란스러우며' '무정부적인' 풀뿌리 망으로 이루어진다. 이 영역을 '시민사회'라 하자. 자발적 조직, 정치결사, 미디어는 시민사회의 사례다. 시민사회의 뚜렷한 특징은 제도화되지 않았다는 점과 결정을 내리도록 고안되지 않았다는 점이다. 반면 공식적 의미의 정치는 결정에 특화된 의사소통·논증 대화의 제도적 영역과 관련 있다. 뚜렷한 사례로는 의회, 내각, 정당, 선출 입법기구 등이 있다. 공식적 정치 영역을 국가와 동일시하면 실수를 범한다. 왜냐하면 국가는 한낱 정책을 입안하고 결정을 내리는 제도적 장의 집합에 그치지 않고, 또한 행정 체계, 하버마스의 용어를 빌리면 권력 매체로 조절되는 관료 체계기 때문이다.

이 공식적 영역과 비공식적 영역의 투 트랙 관점에서 하버마스 정치관의 기본 틀이 나온다. 시민사회에서 정치 공동체 구성원은 논증대화에 참여하고, 이해에 도달하고, 일반적 현안과 특수한 현안에 관해 타협하고 의견을 형성한다. 하버마스는 이를 개인의 의견 형성 및 의지 형성 과정이라 부른다. 이와 대조적으로 공식적 정치 영역에서는 정치 공동체 구성원 중 지명된 대표가 결정을 내리고, 법을 통과시키고, 정책을 구상하고 실행한다.

하버마스의 구상에서 정치구조가 원활하게 기능하는 경우는, 의사결정기구에 시민사회의 여론이 스며들 수 있고, 시민사회와 공론이라는 '입력값'이 정치와 법이라는 '출력값'에 영향을 미칠 수 있는 알맞은 채널이 작동하는 경우다. 실제로 민주 국가는 비민주 국가보다 이 균형을 잘 맞춘다. 건강한 민주주의 제도는 논증대화적으로 형성된 공론과 조화를 이루며, 따라서 합리적이거나 정당화 가능한 법·정책을 만드는 경향이 있다. 이는 그 자체로도 바람직하고 기능적으로도 바람직하다. 왜냐하면 근대 주체는 스스로 근거를 납득하는 법·정책을 따르는 경향이 있기 때문이다. 그러므로 근대 주체가 민주주의 제도 하에 살기를 선호하는 훌륭한 도덕적 이유와 도구적 이유가 있다.

우리는 정당화 가능한 결정을 생산하는 민주주의 체제의 능력을 논할 때 극도로 주의해야 한다. 정치 영역에서 정당화 가능한 것이 가리키는 개념은 이론적, 도덕적, 윤리적 논증대화의 개별 영역에서 가리키는 바보다 훨씬 넓은 개념이다. 정치적 정당화는 이론적 논증대화와 도덕적 논증대화 각각을 규제하는 인식적 기준과 도덕적 기준, 말하자면 진리와 정당성이라는 타당성 차원에 더하여 수많은 고려 사항으로 이루어진다. 예를 들어 공정한 타협과 협상의 절차로 성취할 수 있는 상식 요인과 더불어 윤리적·실용적 고려 사항이 정치적 정당화에서 역할을 하게 된다. 정치적 논증대화는 마치 연구실 같다. 일단 도덕적·윤리적 논증대화의 까다로운 절차를 시도했는데 실패한다면, 넓은 의미에서 합의할 만한 합리적 해법을 얻기 위해 그 외의 모든 종류의 실험을 해보는 것이다.

인권과 국민주권

늘 하던 대로 하버마스는 흔히 양자택일의 대상으로 여기는 두 가지 정치관, 즉 자유민주주의와 시민적 공화주의를 결합한다. 두 관점은 단일한 개념을 중심으로 한다. 자유민주주의는 인권 개념을, 시민적 공화주의는 국민주권 개념을 중심으로 삼는다. 사실 두 관점 모두 자유주의의 측면과 민주주의의 측면을 어떤 방식으로든 혼합한다. 자유민주주의는 자유주의를 민주주의보다 우위에 두고, 시민적 공화주의는 자유주의를 민주주의에 종속한다. 하버마스는 각 관점이 특정한 자율성 해석에 특권을 부여한다는 점에 주목한다. 자유민주주의는 개인적·사적 자율성에, 시민적 공화주의는 집단적·공적·정치적 자율성에 특권을 부여한다. 말하자면 전자는 개인의 자기 결정을, 후자는 정치 공동체의 자기실현을 특권화한다.

하버마스에 따르면 인권은 개인의 사적 자율성을 보호한다. 자유민주주의 입장에서 개인은 전정치적pre-political 이익이 있으며, 그 이익을 추구할 자유를 보호하는 일련의 권리를 누린다. 이런 자유는 다른 모든 사람이 자신의 이익을 추구할 유사한 자유와 양립할 수 있어야 한다. 이때의 자유는 기회로 볼 수 있다. 내가 누리는 자유의 가치는 자유가 내게 열어준 기회, 그러니까 재량껏 활용하거나 거부하는 기회에 있지, 해당 자유를 실제로 행사하는 데에 있지 않다. 이 견해는 보통 최소 국가 minimal state의 발상을 동반한다. 최소 국가는 각 주체에게 자신에게 맞는 방식대로 삶을 추구할 자유를 보장하는 한편, 한 사람의 자유가 다른 사람의 자유에 영향을 줄 때 발생하는 갈등을 해결할 목적으로만 개입한다. 그래서 정치 공동체에서 누리는 시민권 또는 참여는 그 자체로는 가치 있지 않고, 오직 이 권리와 기회를 보호하는 수단으로서만 도구적 가치가 있다.

국가는 이 기능을 공정하게 수행하기 위해 구성원들이 추구하는 가치와 선관에 중립을 유지해야 한다. 하지만 인권 개념은 모든 사람이 누리는 기본권과 기본적 자유에 부합하지 않는 어떤 가치나 세계관에도 반대되는 방향으로 기울기 마련이다. 이런 이유로 자유민주주의를 비판하는 많은 공동체주의자와 공화주의자는 자유민주주의가 준수한다는 중립성에 이의를 제기한다. 다른 한편으로 대부분의 자유주의자는 법·정책의 결과나 성과에 중립을 유지해야 한다거나 유지할 수 있다는 생각은 부정한다. 단지 국가가 불필요한 논쟁을 피하려면 법·정책의 정당화 측면에서 중립을 유지해야 한다고 주장할 뿐이다. 따라서 모든 법·정책이 모든 사람에게 같은 방식과 같은 정도로 이익이 된다는 말은 옳지 않겠지만, 어떤 법도 논쟁적인 가치에 기반해서는 정당화될 수 없다는 말은 확실히 옳다.

국민주권은 국가의 정치적 권위가 궁극적으로 국민의 의지에 있다는 개념이다. 국민주권 개념은 정치란 본질적으로 개인의 사적 자율성을 보호하는 문제라기보다는 공적 자율성을 집합적으로 실현하는 문제라고 가정한다. 중요한 것은 '우리 국민'의 자유이지, 각 개인의 자유가 아니다. 흔히 공적 자율성은 국민의 입법기구 모델에 비추어 이해되는데, 이 모델에서 시민은 자기 입법을 하는 한 자유롭다는 입장이 나온다. 좀 더 개괄적으로 말하면 국민주권은 다음 발상, 즉 정치 공동체 구성원은 자신을 규제하는 법이 그들 자신의 가치를 표현한다고 간주할 수 있는 한 자유롭다는 발상으로 이해할 수 있다.

자유주의의 사적 자율성 개념과 달리 시민적 공화주의의 공적 자율성 개념은 기회의 개념이 아니라 행사의 개념이다. 예를 들어 표현의 자유가 함유한 참된 가치는 개인에게 주어지는 기회가 아니라 그 기회의 집단적 실현에 있다. 충분한 수의 사람이 표현의 자유를 행사할 때, 자유로운 언론·미디어와 공통 문화 전반이 발전하고, 이는 모든 시민에게 수혜가 돌아가는 것이다. 정치 공동체의 구성원 지위는 그 자체로 가치 있다. 그러므로 국가는 결코 중립적이지 않다. 오히려 국가는 일련의 가치와 이상을 구현하고 이를 시민들에게 적극적으로 권한다. 결국 이 입장에서 주체가 향유하는 모든 개인적 권리는 정치 공동체의 가치와 이상에서 도출되고 그에 의존한다.

하버마스의 투 트랙 정치관은 근대 사회의 현실에 조응하도록 두 개념을 수정하여 결합하는 틀을 제공한다. 투 트랙 정치관은 인권과 국민주권의 기원이 같고 상호적이라는 점, 그래서 어느 하나가 우선하지 않고 서로에게 의존한다는 점을 보여준다. 동시에 사적·공적 자율성 개념을 연결하고 동등한 비중을 부여한다. 하버마스에 의하면 정치는 '개인의 주체성과 국민의 주권에서 동시에 따라 나오는 자유'를 표현한다(BFN, 468). 하버마스는 인권 개념을 유지하면서 국가가 상이한 문화와 세계관에 포용과 관용을 보여야 한다는 자유주의적 입장을 대체로 따르지만, 그러면서도 자유주의의 세 가지 핵심 가정을 부인한다.

1. 권리는 정치 이전의 개인에게 속한다.
2. 정치 공동체의 구성원 지위는 개인적 자유의 방벽이라는 수단으로서만 가치가 있다.
3. 국가는 정책·법의 정당화 측면에서 중립을 유지해야 한

다. 여기서 중립성은 가치와 윤리적 고려 사항에 호소하기를 피한다는 점을 함축한다.

하버마스는 위 가정이 의식철학의 특징을 띠는, 주체로 경도되는 내재적 편향을 반영한다고 논하면서 권리는 오직 사회화를 통해서만 얻을 수 있다고 강조한다. 말하자면 공동체 구성원 지위는 한낱 도구적 가치만 있지 않으며, 정치적 정당화는 윤리적 고려 사항을 포용해야 한다.

동시에 하버마스는 시민적 공화주의의 세 가지 핵심 가정을 거부한다.

1. 국가는 정치 공동체의 가치를 구현해야 한다.
2. 공동체 참여 행위는 이 가치를 구현한다.
3. 주관적 권리는 공동체의 윤리적 자기 이해에서 도출되며 그에 의존한다.

하버마스의 입장에서 근대 사회는 경쟁하는 다양한 전통 및 세계관으로 이루어져 있기에 이 가정이 더는 적용되지 않는다. 그러므로 국가가 구성원에게 어떤 가치를 권유할 만한가, 또 어떤 가치를 추구하도록 허용할 것인가 하는 문제 자체가 논쟁적이다. 기껏해야 법·정책·결정이 다양한 공동체 각각의 윤리적 자기 이해에 일정 수준 어긋나지 않기를 기대할 수 있을 뿐이다.

하버마스는 국민이 일종의 거대하게 확장된 인격person writ

large이라는 한물간 견해를 떨쳐낸 근대적 판본의 국민주권을 지지한다. '국민주권은 집단적 주체, 아니면 모든 시민의 입법 기구 모델에 기반을 두는 정치적 통일체에 구현되는 것이 아니라', '포럼과 입법기구를 순환하는 "주체 없는" 형식의 의사소통과 논증대화에 있다'(BFN, 136). 근대 사회에서는 시민사회가 공식적 의사결정기구에 영향을 주는 정도만큼 국민주권의 이상이 존속한다. 공식적 정치기구가 적절한 수준에서 기층 여론에 열려 있을 때, 공식적 정치제도의 법·정책·결정은 합리성을 확보하고 수용될 가능성이 클 것이다. 민주 국가는 시민사회 안에 적절하게 편입되어야 한다는 점을 생각하면 민주주의를 위해 시민사회를 보호해야 하는 셈이다. 바로 이 지점에서 권리의 체계를 도입한다. 하버마스의 논증에 따르면 '권리의 체계는 정당한 법의 발생에 필수적인 의사소통 형식이 법적으로 제도화될 수 있는 조건을 진술한다'(BFN, 103). 이때의 기본 사상은 이렇다. 법이 간직한 권리의 체계는 공식적 의사결정기구가 합리적으로 수용 가능한 법을 창출하기 위해 소화할 필요가 있는 형태의 시민사회가 자라나도록 한다.

정치와 법 형식

최근에야 그렇게 되긴 했지만, 오늘날 사회가 민주 정부 형태와 인권 체계를 갖춘 국가로 조직되어야 한다는 말은 뻔한 소리로 들린다. 이 말은 그냥 봐서는 이상한데, 자유주의적 개인주의의 인권 개념과 공화주의의 국민주권 개념은 태생적으로 긴장하는 관계이기 때문이다. 한쪽은 정부가 내 방식으로 삶을 살아갈 권리를 존중하라고 권한다. 물론 자기 방식으로 살아갈 다른 모든 사람의 권리와 양립 가능한 방식으로 말이다. 다른 쪽은 국민에 의한 정부를 옹호한다.

하버마스가 이를 부인하지는 않는다. 대신 이 긴장이 법의 개념 자체에 뿌리박고 있고, 법이야말로 근대 사회에서 의사소통과 도덕적 논증대화가 떠안은 사회통합의 부담을 덜어주는 매체라고 응답한다. 하버마스의 구상에서 도덕은 행위 조정, 이익 갈등 해결, 사회질서 확립의 사회적 기능을 한다는 점을 떠올려라. 정치는 도덕에 법형식의 옷을 입혀 도덕을 지탱하고 안정화한다. 그렇다고 법과 도덕을 분리할 수 없다는 말은 아니다. 시민 불복종과 양심적 거부의 사례에서 나타나듯이 법과 도덕은 분리될 수 있고 실제로 분리된다. 하지만 시민 불복종과 양심적 거부는 경계 사례다. 일반적으로 법규범과 도덕규범은 타당한 규범을 기초로 삼아 행위 조정, 갈등 해결, 사회질서 창출 작업을 함께 수행한다. 다만 그 방식이 다를 뿐이다.

법의 이중 구조

어느 날 저녁, 당신은 반대쪽 동네에서 열린 파티에 자전거를 타고 가고 싶었으나 자전거에 전조등이 없음을 깨달았다. 법은 전조등 없이는 야간에 자전거 운전을 해서는 안 된다고 규정하며, 그렇게 규정한 합당한 이유도 있다. 운전자와 또 다른 도로 통행자 모두에게 위험하다는 이유다. 이는 처벌도 할 수 있는 범죄다. 경찰은 전조등 없이 자전거 운전을 하는 당신을 목격할 경우, 체포하고 벌금을 부과할 권한이 있다. 이와 같은 법규범은 오직 규범 준수만을 요구한다. 법규범은 준수를 요구할 뿐, 올바른 이유에 따른 준수를 요구하지 않는다. 체포와 처벌이 두려워서 하는 행위는 적절한 도덕적 이유로 하는 행위가 아니다. 그러므로 법을 준수하는 행위자가 걸어서 파티에 가는 이유는 전조등 없는 자전거 운전이 자신과 다른 도로 통행자에게 위험하다는 사실을 이해해서일 수도 있고, 체포와 처벌의 위험을 감수할 정도로 가치 있지는 않아서일 수도 있다. 실무에서 행위자의 동기는 중요하지 않다. 왜냐하면 법을 준수할 때 어떻게든 자신에게 적용되는 도로 안전상의 이유에 따라 행위하기 때문이다. 이처럼 도덕규범과 법규범은 동시에 작동한다.

하버마스는 시민사회의 여론에 열려 있는 정치제도가 만드는 법이 합리적인 경향이 있다는 입장을 취한다. 법 공동체의 구성원은 그런 법의 취지를 이해할 수 있기에 그 법을 전반적으로 따른다. 즉 그 법의 요구대로 행위할 독립적 이유가 있는 셈이다. 그러나 때로는 법의 취지만으로 합법적 행동을 유도하기에 불충분할 것이다. 그런 경우 체포와 처벌의 두려움을 유발하여 합법적 행동을 이끌어낼 수 있다.

하버마스는 타당한 법규범 또는 법에 규범적 측면과 사실적 측면이 모두 있다고 논한다. 타당한 법은 한편으로 정당하고 다른 한편으로 실정적positive이다. 따라서 하버마스의 저서 영어판 『사실과 규범 사이에서』를 원어 그대로 번역하면 '사실성과 타당성Facticity and Validity'이 될 것이다.[5] 법은 오직 설득력 있는 경우 또는 준수할 만한 상당한 이유가 있는 경우에만 **정당하다**. 그런 이유에 그것은 법이라든지, 어기면 처벌받을 수 있는 범죄라든지 하는 이유는 들어가지 않는다. 법의 정당성이 법의 타당성을 위한 필요조건이지만 충분조건은 아닌 이유는 타당한 법의 두 가지 다른 특징을 검토하면 명백하다. 법은 공인된 기관이 정하거나 부과한 경우에 **실정적**이다. 세 번째 특징으로 법은 강제력이 있어야 한다. 법규범은 이 모든 요소가 있는 경우에만 타당하다. 법은 상당한 설득력이 있어야 하고, 공인된 기관이 만들어야 하고, 강제력이 있어야 한다. 따라서 법의 타당성은 정치권력을 전제한다. 법의 타당성은 무엇보다도 사법부 그리고 정당한 무력을 독점하면서 법을 준수하도록 규제하고 위반 시 처벌함으로써 법을 집행하는 능력이 있는 국가를 전제한다.

---

5   하버마스의 저서 『사실성과 타당성』(Faktizität und Geltung)(1992)을 가리킨다. 영어판은 세목을 다소 의역해 *Between Facts and Norms*로 옮겼으나, 한국어판은 원문을 살려 『사실성과 타당성』으로 옮겼다. 저자는 하버마스의 저서를 영어판으로 접할 영어권 독자에게 독일어 원제의 의미를 환기하고 있다. 한국어판에 익숙한 대부분의 한국인 독자에게는 불필요한 설명이다. 다만 독일 철학자인 하버마스의 이론을 영어권이 수용하는 맥락을 이해하는 데에 도움이 되므로 남겨둔다.

법의 정당성

하버마스는 법의 실정성과 강제 가능성을 인정하면서도 늘 정당성에 강조점을 두었다. 정당한 법, 곧 설득력 있는 법은 시민이 자발적이고 합리적으로 준수하도록 만들 수 있다. 합리적 준수와 정서적 지지는 모두 자유롭게 이루어질 수 있지만 서로 다르다. 정서적 지지affective allegiance는 비합리적 동기와 비논증대화적 동기에서도 나올 수 있다. 이를테면 어떤 문화 집단에 속한다는 사실과 관련된 특수한 가치·욕구·감정이 그런 동기다. 합리적 준수는 법적·사법적·형사적 제도와 독립하여 적용되는, 적절하고 일반적인 이유의 '동기를 부여하는 힘'에서 나온다. 사실 하버마스식으로 말하면 이유 자체가 일반성을 띤다. 처벌의 위협을 가하지 않아도 사회질서는 부드럽게 형성된다. 이 점이 중요한 까닭은 근대 대중 사회에서는 모든 합법적 행동을 강제할 수도, 제재의 위협으로 유도할 수도 없기 때문이다. 합법적 행동은 상당 부분 법의 정당성을 인지하기에 자유롭게 나타나는 반응이어야 한다.

하버마스는 민주주의 원리로 정당성 개념을 정식화한다. 민주주의 원리는 논증대화원리 D를 구체화한 원리라 할 수 있다. 원리 D는 행위규범의 타당성을 위한 필요조건을 규정한다. 즉 원리 D는 법규범과 도덕규범 양자에 적용된다. 민주주의 원리는 다음과 같다.

법 공동체의 모든 구성원이 결국 법적으로 구성된 논증대화적 입법과정에서 동의할 수 있는 법만이 정당하다(BFN, 110).

이는 하버마스적인 기본 발상의 또 다른 판본이다. 이 발상은, 무언가가 정당화된다면 그것은 반드시 모든 사람이 적절하게 실행한 논증대화에서 동의할 수 있어야 한다는 것이다. 하버마스는 민주주의 원리가 원리 D와 법형식의 '상호 침투interpenetration'에서 나온다고 본다. 여기서 '상호 침투' 과정의 자초지종을 다루기는 너무 복잡하나, 그 핵심은 법코드와 민주주의 원리가 상호 근원이 된다는 것으로 이해할 수 있다.

무엇보다도 법형식은 범위와 정당화를 차별화하여 원리 D를 풍부하게 만든다. 민주주의 원리는 정당한 법이 법 공동체의 모든 구성원이 동의할 수 있어야 한다고 규정하지, 원리 D처럼 규범에 영향 받는 모든 당사자가 동의할 수 있어야 한다고 규정하지 않는다. 법 공동체는 합법적으로 행동하는 능력이 있고 문제의 법이 자신의 행위를 규제하는 사람으로 구성된다. 원리 D에서 동의 가능성은 규범의 타당성을 보여주는 표지다. 민주주의 원리에서 규범의 정당성을 보여주는 표지는 훨씬 복잡하다. 정당한 법은 법 공동체의 모든 구성원이 동의할 수 있어야 한다. 이 동의는 법적으로 구성된 입법 과정의 결과여야 한다. 다시 말해 법규범은 오직 법 공동체의 모든 구성원이 동의할 수 있는 경우에만 정당하며, 그렇게 동의할 수 있는 이유는 심의 및 논증대화를 포괄하고 시민사회의 여론에 열려 있으며 법적으로 제도화된 권리의 체계에 부합하는 공식적 의사결정기구가 그 규범을 창출했기 때문이다. 민주주의 원리는 그저 정당한 법이 법 공동체의 모든 구성원에게 동의를 얻을 자격이 있다는 사실만을 함축한다는 점에 주목하라. 모든 사람이 모든 법에 실제로 동의하리라는 사실을 깨닫는다는 말이 아니다. 조만간 잉글랜드는 여우 사냥꾼들의 불만에 개의치 않고 여우 사냥 금지 법안을 제정할 것이다.[6] 이 법은 공인된 의사결정기구가 올바른 방식으로 제정했으며, 이 기구는 시민사회의 여론에 열려 있고 여우 사냥꾼들을 대표한다고 여겨진다. 따라서 이 법은 정당하다. 여우 사냥꾼이 동의하지 않았다는 사실, 그리고 법을 지지하는 이유에 이의를 제기한다는 사실은 법의 효력에 아무런 문제가 되지 않는다. 나아가 이 법을 적절히 집행하고 단속할 수 있다고 가정하면 법은 타당할 것이다. 도덕이론과 마찬가지로 하버마스의 법이론은 원칙적으로 동의할 수 있는 것과 실제로 그런 동의를 얻는 것의 구별에 강하게 의존한다.

근대, 법, 도덕

법의 정당성 요소, 혹은 법의 설득력이 도덕적·윤리적·실용적 고려 사항의 혼합물임은 사실이나, 여전히 도덕은 핵심 재료다. 하버마스는 정당한 법이 '법에 새겨진 도덕과 관련이 있다'고

6   영국인인 저자가 이 책을 쓰던 2005년 당시 효력을 발휘하기 시작한 '사냥법 2004'(Hunting Act 2004)를 염두에 둔 부분이다. 이 법은 웨일스와 잉글랜드에서 여우를 비롯한 개과 포유류 사냥을 금지하는 내용을 골자로 한다.

논한다(BFN, 106). 단지 이 관계가 도대체 어떤 관계인지를 간단히 설명하기 까다로울 뿐이다. 독일어에서는 이를 암시하는 어원 관계가 있다. 통상 독일어 단어 Recht를 영어로는 법Law으로 번역한다. Rehctswissenschaft를 법학jurisprudence으로 옮기는 식이다. 그러나 Recht는 정의justice나 권리right의 뜻도 있다. 물론 하버마스가 염두에 둔 것은 법과 도덕의 개념적 관계이지, 어원 관계가 아니라고 추정할 수 있다. 예를 들어 하버마스는 정당한 법이 도덕규범 및 윤리적 가치와 '조화를 이루어야' 한다고 주장한다(BFN, 99).

도덕적 요구에 부합한다는 점 외에도 정당한 법은 도덕규범처럼 공동선 지향을 내장하고 있다. 말하자면 어떤 법이 뚜렷하게 공동선을 추구한다면 일정 부분 설득력을 얻는다. 하버마스의 초기 연구에서는 정당한 법과 도덕규범이 유사하다고 가정하는 경향이 있었는데, 이는 타당한 규범이 '모든 사람에게 동등하게 좋은' 규범이기에 공동선을 지향한다고 보았기 때문이다. 수정된 프로그램은 이런 가정을 하지 않는다. 수정된 프로그램은 맥락이 달라지면 공동선의 의미도 달라짐을 함축한다. 도덕규범이 보편화 가능한 이익을 담고 있으므로 똑같은 방식으로 모든 사람에게 좋은 반면 법규범은 기껏해야 어떤 방식으로든 법 공동체의 모든 구성원에게 좋다는 점이 다르다. 법 공동체의 공동선이라는 상위 개념은 이제 도덕적 정당성 개념과 같지 않다.

하버마스의 전반적인 논증은 정당한 법이, 행위자가 탈관습적 도덕으로 사회화될 수 있는 또 다른 경로를 제공한다는 이야기로 들린다. 부분적 이유는 정당한 법이 도덕에 부합하기 때문이고, 이와 더불어 정당한 법이 행위자에게 법적 공동선을 깨닫고 실현할 기회를 주기 때문이기도 하다. 법규범을 따르며 이규범이 공동선을 지향한다는 사실을 입증했다는 점에 근거해서하는 행위는 탈관습적 수준의 도덕적 행위와 유사하다. 게다가서구 민주주의에서 살아가는 시민들은 의사결정기구가 논증대화와 시민사회의 여론에 열려 있다는 점에서 법을 스스로 선택한 것으로서 정당하게 인정할 수 있다. 스스로 선택한 원리에따라 정당한 법 준수를 지향하는 만큼 마찬가지로 탈관습적 도덕에 가까워진다. 그러므로 공유된 에토스의 접점을 상실한 고도로 복잡한 근대 사회에서 법은 도덕의 취약한 영역을 떠받칠뿐만 아니라, 심지어 화폐·권력 체계에도 미칠 만큼 '도덕적 내용이 사회로 확산할 수 있는' 법적 채널을 제공한다(BFN, 118).

하버마스의 민주주의 이론 및 법 이론을 향한 반론

하버마스의 『사실성과 타당성』은 대단히 풍부하고 기발한 논의를 담고 있으나 몇 가지 심각한 반론이 있다. 첫째, 하버마스는민주 국가가 시민사회의 여론이라는 입력값과 의사결정기구의산출값 사이에서 적당한 균형을 찾아야 한다고 논하면서도 정확히 무엇이 적당한 균형인지는 말하지 않는다. 기층 여론이 입법 과정을 직접 결정해야 하는가? 의회 대표자가 투표할 때 유권자의 실제 선호를 따라야 하는가, 아니면 의회 안에서 내린 자신의 판단을 따라야 하는가? 어쨌든 하버마스는 시민사회가 제약 없고 즉흥적이며, 무정부적이고 태생적으로 불안정하다는 사실을 인정한다. 기층 여론이 과다하면 민주주의 체제에 즉흥성, 불안정성, 무정부 상태가 발생할 수도 있으며, 이 문제는 정확하게 고전적 형태의 직접민주주의가 겪은 문제다.

둘째, 하버마스는 경험적 이론을 제시하는 비중과 심의민주주의 혹은 논증대화적 민주주의의 규범적 이상을 권고하는 비중을 분명히 하지 않는다. 물론 하버마스는 자기 이론이 민주주의의 규범적 이상도 제시하고 민주주의를 설명하기도 한다고 주장한다. 이는 '민주주의'라는 용어 자체가 규범적 내용과 기술적 내용을 거의 분리할 수 없는 용어이기에 참작할 만하다. 하지만 이론의 경험적 자격을 적극적으로 과시하는 태도를 생각할 때, 하버마스는 이론과 관련 경험적 자료를 대조하는 탐구에는 비교적 관심이 덜하고 자신의 다른 이론 프로그램과의 양립 가능성을 사후적으로 확보하는 데 몰두하는 듯하다.

셋째, 하버마스 사회이론은 정치이론에 한 가지 문제를 일으키는데, 이는 하버마스가 이론 건축학을 애호한다는 사실을 생각하면 놀라운 일이다. 『사실성과 타당성』은 정치권력을 의사소통적 권력과 행정권력의 두 차원으로 규명한다. 의사소통적 권력은 시민사회 그리고 의사결정기구가 내장한 심의 및 논증대화의 장에서 작동한다. 행정권력은 국가와 정부 관료 체계에서 작동한다. 하버마스의 주요 논제는 건강한 민주적 정치제도라면 의사소통적 권력을 행정권력으로 성공적으로 번역하고 있고 또 그래야 한다는 논제다. 그러나 하버마스 사회이론에 따르면, 국가 행정은 효율성이라는 도구적 기준이 조절하는 체계에 속하지만 시민사회는 생활세계에 속한다. 생활세계가 정치적으로 분출된 결과물이 논증대화 및 심의의 제도적 영역이다. 이제 의사소통적 합리성-도구적 합리성 구별, 생활세계-체계 구별이 하버마스 사회이론이 고집하는 만큼 엄밀하다면, 그리고 체계가 침입하여 생활세계의 통합성이 무너진다면, 어떻게 바람직한 방식으로 의사소통적 권력이 행정권력으로 번역될 수 있단 말인가? 강철처럼 단단한 행정체계의 작용이 도덕적 논증대화와 윤리적 논증대화의 문명화 영향을 완전히 압도하지 않는 이유는 무엇인가?

민주주의와 비판적 사회이론

하버마스의 민주주의 이론 및 법이론은 사회학적 기획의 핵심 문제에 답할 뿐만 아니라 비판적 사회이론의 기획을 계승하는 이론으로 이해할 수 있다. 주된 계승 방식은 서구 민주 국가의 강점과 약점, 그리고 서구 민주 국가가 처한 위험을 진단하는 식이다. 중대한 위험은 두 가지다. 첫째, 법제화된 인권이 시장과 행정기구가 시민사회를 침식하지 못하도록 보호할 수 없다면, 정치제도가 의존하는 의사소통·논증대화의 원천은 고갈되고 만다. 그 경우 이데올로기적 왜곡에 휩싸이고 힘 있는 이익집단에 경도된 정치적 결정이 일어나기 쉬울 것이다. 입법 과정에서 특정 집단의 여론이 부정당한다면, 이 집단에 속한 사람들은 자기 삶에 영향을 주는 법에서 무관심이나 적개심을 감지하고, 소외·냉소·주변화 같은 감정을 키우며, 점차 사회질서를 위협하기에 이를지도 모른다.

둘째, 현재 영국·미국식 정부는 전문가 및 이익 집단의 '영향을 받는' 관료 엘리트에게 결정을 위임한다. 의회와 행정부는 정책을 논의하고 심의하는 장으로 기능하기보다 거수기 노릇을 할 뿐이다. 결국 미디어를 써먹을 줄 아는 공무원이나 정책 홍보 담당자 spin doctors를 이용해 공공 영역에 정책을 팔아먹는 꼴이다. 또 다른 관료주의적 결정의 마지막 연쇄 고리로 대중의 승인을 제조한다. 열려 있고 투명한 의사결정 제도를 촉진하는 게 아니라, 오직 편의주의나 도덕적 '선명성' 또는 기타 추정되는 이익에 눈이 멀어 의사소통·논증대화 절차를 정치 과정에서 벗겨내는 것이 작금의 경향이다. 대표적인 예로 최근 미국의 이라크 군사개입을 지원하기 위해 영국 정부가 내린 파병 결정이 있다. 영국에서 이 정책에 반대하는 대중 시위가 전례 없는 대규모로 일어났다. 의회의 표결은 토니 블레어와 참모들이 이미 결정한 사항에 그저 마지막 도장을 찍는 절차에 불과한 듯했다. 둘째 위협은 시민사회가 법·정책 결정기구에 미치는 영향력이 감소한다는 점, 그리고 시민의 역할이 수동적 소비자 역할로만 쪼그라든다는 점이다.

하버마스는 이처럼 서구 자유민주주의가 직면한 위험을 냉철하게 평가하고 있음에도 근대 사회의 문제를 처리하는 민주주의 제도의 능력에 희미한 낙관주의를 유지한다. 자유민주주의는 태생적으로 안고 있는 모든 긴장을 품고서도 자기 결정으로서의 자유가 품은 이상과의 긴밀한 연결고리를 계속해서 이어간다. 하버마스는 말한다. 정치란 인간 자유의 표현이라고. 그리고 이 사실을 단순히 확립된 사실이 아니라 '우리 모두 자유롭기 전까지는 누구도 자유롭지 않다'는 점을 인정할 때 따라오는 현재 진행 중인 과제로 이해해야 한다고 말이다.

9장

독일, 유럽,
탈민족적 시민성

앞 장에서는 도덕, 민주주의, 개인적 인권의 유익한 사회화 효과에 하버마스가 품은 헌신과 믿음의 깊이를 보여줬다. 평생 하버마스는 모든 형태의 민족주의에 반감을 표출했는데, 이는 인류의 과오를 낳은 사회적 선행 조건을 명민하고도 미묘하게 평가하는 데서 유래한다. 사실 이 점은 하버마스 개인의 경험에 뿌리내리고 있다. 물론 우리는 믿음 및 신념의 기원과 그 타당성을 혼동해서는 안 된다. 이는 누구보다도 하버마스가 상기해주는 사실이다.

민족성과 민족주의

민족국가의 개념

하버마스가 민족주의에 느끼는 우려를 이해하려면 하버마스의 민족관 conception of the nation을 간략하게 검토해야 한다. 하버마스는 18세기 말에 발생한 일련의 사회 문제에 반응하여 유럽 민족 the european nation이 형성되었다고 말한다. 초기 근대의 공동체 형태는 지역성에 닻을 내렸으며, 농촌 전통 및 자연스럽게 보이는 봉건 계급제의 구조를 띠고, 동질적인 문화적 가치 다발로 구성되는 공유된 종교 전통에 묶여 있었다. 18세기 말 이후 근대가 도래하면서 도시화, 인구 이동, 재화의 유통, 종교의 약화 등 다양한 요인으로 사회는 이런 지주를 잃어버린다. 동시에 초기 근대 사회의 토대가 해체되면서 이방인들이 모여 대체로 도시의 형태를 이루는 대중 사회가 형태를 갖춘다.

하버마스에 따르면 더욱 추상적이고 성공적인 사회통합의 새로운 토대로 민족이 출현한다. 민족 개념은 공통의 조상·언어·문화를 공유하는 단일한 공동체라는 허구의 역사와 발명된 전통을 기반으로 상당 부분 지어낸 개념이다. 일단 대중의 상상력이 민족 개념과 만나자, 민족의식이 서로에게 이방인인 시민들 사이에 연대성의 정서적 유대감을 형성하는 데 매우 효과적임을 입증했다. 이와 함께 의사결정 구조에 민주적 참여가 점차 늘어나면서 시민들 사이에 연대성의 법적 관계가 생겨난다. 민족과 민족국가 개념이 국가의 정치구조와 손잡고 작용한 결과, 시민들은 단일한 정치 공동체를 향한 소속감, 그리고 집단의 문화적·정치적 정체성을 마음 깊이 내면화한다.

하버마스는 민족국가가 사회적으로 성취한 바를 십분 인정하지만, 동시에 이 개념이 위험하다는 사실도 알고 있다. 종족적 민족 ethnic nation 개념은 본질적으로 배제적이다. 구성원이 있다는 말은 언어나 조상을 기준으로 구별되는 비구성원이 있다는 말과 같다. 민족 개념이 대중적 분위기로 자리 잡고 나면 내부의 소수자를 만들고 억압하는 결과로 이어질 수 있다. 또한 민족성 관계는 '시민들 자신의 정치적 의견 형성 및 의지 형성에 독립하고 선행하는' 공동체와 **정서적** 또는 **감정적**으로 동일시하는 관계다(TIO, 115). 이 결합은 논증대화에 앞서 이루어지는 것으로, 이성으로 재단하기 어렵다. 하지만 정치 엘리트는 이 결합을 쉽게 조작할 수 있다. 이를테면 외국에서 군사적 충돌이 일어나 민족감정이 폭발할 경우 국내의 정치적 불안을 간단하게 진압할 수 있다. 오늘날 각국 정부는 이런 정치적 효과를 반복적으로 악용하고 있다.

이와 같은 위험을 내장한 **민족 공동체**Volksgemeinschaft 개념과 달리 자유롭고 평등한 시민의 합법적 공동체, 혹은 **법 공동체** Rechtsgemeinschaft의 이상은 그런 위험을 내재하고 있지 않다. 법 공동체의 시민 또는 구성원 되기는 대학생 되기와 다소 비슷하다. 말하자면 법 공동체는 누구나 일정 부분 점유할 수 있는 곳이다. 원칙적으로 구성원 지위는 열려 있으며, 구성원 지위의 취득 기준을 정하는 문제는 정치적 문제다. 그러나 민족이 되는 자격은 유전이라는 전정치적 사실이다. 그러므로 하버마스는 민족국가 개념이 '평등주의적 법 공동체의 보편주의와 역사적 운명 공동체의 특수주의'(TIO, 115)라는 두 부분의 긴장을 함유한다고 논한다. 근대 민족국가가 직면한 도전은 둘 중 더 나은 부분에 부응하는 일이다.

민족주의

민족주의는 이미 국가가 위협당할 때 발흥하는 경향이 있다. 하버마스는 21세기에 접어들며 밖에서는 세계화와 세계 경제의 압력이, 안에서는 다문화주의가 민족국가를 위협한다고 본다.

넓은 의미에서 세계화로 인해 빈곤, 대량 실업, 생태적 재해, 경제적 목적의 이주 등 시급한 사회정치적 문제의 원인이 민족국가 정치의 범위를 넘어서는 상황이 초래된다. 따라서 문제의 잠재적 해법도 민족국가의 손아귀를 벗어난다. 국제 정치 문제에는 초국가적 수준의 정치적 해법이 필요하다. 개별 국가의 행위 능력이 줄어들어 문제가 악화되는 것이다.

동시에 다문화주의가 출현하여 민족 개념을 위협하고 있다. 이민과 이동성이 증가하면서 문화적으로 동질적인 단일한 공동체라는 민족적 미신을 떨쳐버리게 된다. 소수 집단과 주변화된 집단은 평등한 인정을 받고자 투쟁하며, 주류 문화의 가정과 확실성에 이의를 제기한다. 이런 맥락에서 민족주의는 강력하지만 극도로 위험한 반응을 대변한다. 민족주의의 목적은 사회적 연대성을 갱신하고 민족의식을 되살려 소속감을 심어주는 것이다. 하버마스가 보기에 민족주의는 도덕적 논증대화와 정당한 법이라는 근대화 과정의 내재적 자원을 활용하는 길이 아니라 근대화 과정을 역행하려는 헛된 시도일 뿐이다. 또한 하버마스는 민족주의가 퇴행적이라고 평가한다. 평범한 아동은 6단계를 거쳐 발달한다는 콜버그의 주장을 상기해보자. 일단 단계가 발달하면 전 단계로 퇴행하는 일은 없다. 그런 일은 이미 배운 것을 고의로 잊어버릴 때만 있을 법한 일이다. 수영 능력이나 말하기 능력을 '고의로 잊는' 상황이 얼마나 이례적이고 비정상적인지 생각해보라. 이와 비슷하게 현대적 형태의 민족주의는 탈관습적 결합 형태에서 관습적 결합 형태로 후퇴한다는 신호다. 민족주의는 일종의 사회적 일탈이다.

여기서 주의해야 한다. 사회가 '학습'한다는 말은 오직 희석된 의미에서만 그렇다. 그러므로 민족주의도 똑같이 희석된 의미에서만 **퇴행적** 또는 **일탈적**이다. 하버마스는 문화 집단에 속하길 바라는 욕구 자체가 퇴행적이라고 주장하지 않는다. 오히려 정반대다. 다원주의의 조건에 처한 시민이라면, 적당한 비판적 숙고가 있어야겠지만, 반드시 어떤 전통에 속하여 자기 문화에 일체감을 느껴야 한다는 사실을 하버마스는 인정한다. 다음과 같은 빗나간 시도야말로 민족주의의 퇴행적 측면이다.

1. 의사소통, 논증대화, 정당한 법 등 근대적 형식의 사회통합을 정서적 친족 관계로 대체한다.
2. 정치 공동체의 구성원 지위를 판가름하는 전정치적인 자연적 기준을 찾는다.
3. 정치 과정에서 논증대화와 의사소통의 영향을 제거한다.

하버마스가 민족주의에 표출하는 반감이 과민반응으로 보일 수도 있다. 그러나 하버마스가 유년기 경험과 더불어 최근 구 유고슬라비아 등에서 일어난 정치적 사건을 겪으면서 민족주의가 제기하는 위험을 너무나도 잘 알고 있다는 점을 생각해야 한다.[7] 민족주의의 불씨를 붙이기는 쉬워도 끄기는 어렵다. 그리고 일단 민족주의에 불이 붙으면 내부의 소수 집단 억압, 인종차별주의, 인종청소와 집단학살을 초래할 가능성이 있다.

헌법적 애국주의

하버마스는 한 개인이 근대적 조건에 맞게 고유의 전통에 일체감을 느끼는 유일한 형태는 헌법적 애국주의라고 논한다. 하버마스가 처음 이 용어를 쓴 것은 1980년대 중반에 독설이 오가며 이루어진 공적 논쟁 때였다. 바로 '역사가 논쟁'이다. 아주 단순화해서 말하면 헬무트 콜 Helmut Kohl 정권 수뇌부와 밀착한

---

7 여기서 유년기 경험이란 하버마스가 어렸을 적 목도한 나치 시기의 만행을 가리킨다(서문 참고). '구 유고슬라비아 등에서 일어난 정치적 사건'이란 1998년에 발생한 코소보 사태를 뜻하는 것으로 보인다. 세르비아 공화국의 대통령이 된 슬로보단 밀로셰비치Slobodan Milošević는 세르비아 민족주의를 자극하며 자치주였던 코소보의 자치권을 박탈했다. 이로 인해 코소보에서는 해방군이 조직되며 무장 투쟁이 일어났고, 결국 코소보 해방군이 코소보 지역에서 세르비아 경찰을 사살하며 코소보 사태가 발발한다. 당시 신 유고 연방 대통령이 된 밀로셰비치는 코소보 사태에서 민족주의에 기반하는 인종청소를 저질렀으며, 이에 서방 세력이 무력 개입을 하기에 이른다. 하버마스는 코소보 사태에 대한 서방의 군사 개입을 명시적으로 옹호한 바 있다.

특정 역사학자들이 근대 독일사를 재해석했다. 이들은 나치 시기의 범죄를 상대화하고, 유대인 말살의 의미를 평가절하하며, 독일의 민간인들이 소련의 붉은 군대를 피해 탈출할 수 있도록 동부 전선을 지킨 독일군의 영웅적 행각을 크게 강조했다.

하버마스에 의하면 역사가 논쟁의 핵심은 역사적 논제를 개진했다는 점이 아니라 정치적 목적으로 강단 역사학을 오용했다는 점에 있다. 과거의 전략적 재서술을 꾀하는 이 역사학은 한낱 진리에 대한 타당성 주장만을 제시하는 데 그치지 않으며, 더 나아가 독일사의 '정상화'를 기도하고 '사라지길 거부하는 과거'를 떨쳐내는, 자기 의식적이고 정치적으로 조직된 시도였다. 이 운동은 독일인의 민족 정체성을 형성하여 콜 정권의 국내 지지율 올리기를 중·단기 목표로 삼았다. 아마도 최종 단계로 서독이 이스라엘에게 배상금을 지급하는 것을 멈출 수 있는 정치적 기반을 마련하고, 서독의 경제력에 걸맞은 지정학적 역할을 수행하는 것을 구상했을지도 모른다. 지금까지는 아우슈비츠라는 극복 불가능한 장애물이 '정상화'의 경로를 차단한 것으로 보인다. 1933~1945년에 벌어진 도덕적 참사로 독일의 민족의식에 지울 수 없는 얼룩이 져 있었기 때문이다.

이런 배경에서 하버마스는 독일인들이 자랑스러워할 만한 과거를 제조하는 전략이 무익하고 퇴행적이라고 논한다. 정치적·도덕적으로 적절한 애국주의의 유일한 형식은 입헌국가의 보편적 원칙에 닻을 내리고 있는 애국주의다.

연방공화국에 속한 우리에게 애국주의란, 무엇보다도 파시즘을 영구적으로 극복하고 정의로운 정치질서를 확립하며 이 질서를 상당히 자유로운 정치문화에 정박하도록 하는 데에 성공했다는 사실에 자부심을 품는 것을 말한다(NR, 152).

독일연방공화국 기본법은 외부의 정복 권력이 공화국에 부과한 산물이라는 사실을 기억해야 한다. 독일 기본법은 민주 정치의 독일적 전통을 오롯이 표현하지 않았다. 제정 당시 독일 기본법은 민주 시민을 희구하는 임시적인 민주 헌법이었으나, 1980년대 중반에 이르러 서독은 유럽에서 가장 번영하는 민주국가가 되었다. 하버마스는 이 점을 자랑스러운 성취라고 생각했다. 역사적 행운이 따라주고, 뼈를 깎는 노력을 기울이고, 재교육 정책을 성공적으로 실시한 결과, 연방공화국의 시민은 민주적 절차 및 원칙을 향한 헌신에 기반하는 정치문화와 정치적 정체성을 발전시켰다.

국가의 정치문화는 헌법을 중심으로 결정체를 이룬다. 각 국가의 문화는 자국의 국사國史에 비추어 국민주권, 인권 등의 헌법 원리를 대상으로 고유의 해석을 개발한다. 이 해석에 근간을 두는 '헌법적 애국주의'는 본래 민족주의가 한 역할을 대신할 수 있다(TIO, 118).

이 구도에서 보면 독일의 정치적 정체성은 역설적이다. 서독인들은 '민주적 법치국가의 보편주의적 내용'을 중심으로 정치적 정체성을 구축해야만 했고, 역사적으로 더 순진하고 덜 비판적으로 성찰적인 형태의 애국주의를 포기해야만 했다. 그 주된 이유는 자국의 난감한 과거사를 떨쳐내기가 어려웠기 때문이다. 자신들에게 고유한, 그러나 심히 양가적인 독일적 전통을 진실로 생각해볼수록 그 전통에 일체감을 덜 품을 책무를 느꼈다. 전통에 더 밀착하는 대신 말이다.

하버마스는 1980년대에 처음으로 헌법적 애국주의 개념을 옹호하기 시작했는데, 이때는 윤리적 논증대화의 정치적 중요성이라는 발상을 아직 완전히 심화하지는 않은 시기였다. 하버마스는 민주주의 원리를 도덕원리와 나란히 두는 경향이 있었다. 탈관습적 수준의 도덕적 주체가 공동체의 실질적 가치가 아니라 타당한 규범을 확립하는 절차에 헌신하듯이, 헌법적 애국주의자 역시 구체적 결과보다는 민주적 절차에 일체감을 느낀다. 도덕적 주체와 헌법적 애국주의자는, 도덕과 민주주의가 타인의 평등한 가치를 인정하는 한, 둘 다 탈중심화된 추상적 정체성을 형성한다. 게다가 하버마스는 시민이 보편적인 민주주의 원리 및 도덕원리에 직접 일체감을 느낀다고 논했다.

하버마스는 후기 연구에서 입장을 바꾼다. 이제 민주적 헌법이 뿌리를 내리려면 다양한 조건을 만족하는 정치문화가 반드시 뒷받침해주어야 한다. 첫째, 정치문화는 탈관습적 도덕에 부합해야 한다. 둘째, 정치문화는 정치 공동체에 속하는 모든 문화 집단의 윤리적 이해가 동조해야 한다. 정치문화가 주류 문화의 실질적이고 특수한 가치를 표현하는 모습을 보여서는 안 된다. 마지막으로 정치문화가 시민이 '자신이 누리는 권리의 공정한 가치'를 경험할 수 있도록, 즉 공통의 정치문화에 참여하여 이익을 얻는다고 느낄 수 있도록 사회권 및 복지권의 뒷받침이 필요하다.

독일 통일

베를린 장벽이 무너지고 동독이 붕괴한 1989년 11월 9일은 모든 독일인의 삶에서 전환점이었다. 당시 하버마스는 통일의 진행 방식, 시점, 배후의 정치적 이유를 두고 심각한 비판적 의문을 표출했다.

하버마스의 첫 번째 비판 대상은 독일 기본법 제23조나 제146조를 근거로 통일을 달성해야 하는가 하는 절차적 문제였다. 제146조는 기본법이 임시적 성격을 띠지, 완전한 자격을 갖춘 헌법이 아님을 명시하고 있다. 이 조항에 따르면 '이 기본법은 독일 국민이 자유롭게 정하는 헌법의 효력 발생 일에 효력을 상실한다.' 제23조는 기본법이 독일의 다른 지역에서도 효력이 있도록 한다. 이 조항은 새로운 주를 연방으로 편입하는 메커니즘을 제공하는데, 주로 프랑스 국경에 접한 자를란트 지방을 염두에 둔 규정이었다.

콜 총리와 참모들은 통일의 근거를 제23조에서 끌어오기를 선호했는데, 그렇게 하면 서독 기본법을 개정할 필요가 없었기 때문이다. 하버마스는 이에 격렬히 반대했다. 하버마스가 보기에 제23조에 근거하여 진행하는 통일은 서독이 동독을 효과적으로 합병할 수 있도록 하는 순전한 행정적 술수에 불과하다. 심지어 콜 총리가 이끄는 기민당은 국내외 정책으로 얻으려는 특수한 이익의 관점에서 전체 과정을 관리하기 위해 이 전략을 택했다. 제23조를 원용한다는 말은 곧 비교적 신속하게 통일을 끝마쳐 선거를 앞두고 콜 정권의 국내 지지율을 끌어올리겠다는 뜻이다.

결과적으로 동독인과 서독인은 어떤 종류의 정치구조에서 살아가고 싶은가를 주제로 하는 윤리적-정치적 논증대화에 참여할 기회를 박탈당한 셈이다. 당시에 점진적 개혁과 포용적 과정을 거쳐야 한다고 주장한 여러 지식인 중 한 명이 바로 하버마스다. 통일은 '양 독일에서 주의 깊게 숙고하여 내린 민주적 결정의 공적 행위'여야만 했다(YAGI, 96). 동독인은 서독 관료가 미리 작업해둔 것을 그저 수용하는 대신 통일 과정에 어떤 의견을 낼 수 있었을 것이며, 서독인은 스스로 만든 헌법에 투표할 수 있었을 것이다. 실상은 그렇지 않았기에 하버마스는 통일의 '규범적 결핍'에 불만을 표출했다. 이는 통일에 충분한 정치적·윤리적·도덕적 정당화가, 즉 하버마스가 민주적 정당성의 필요조건으로 여기는 기층 여론의 입력값이 없었기 때문이다.

하버마스는 유사한 근거로 종합대학, 단과대학, 박물관, 영화관 등 동독 시민사회의 유산을 품고 있는 모든 구제도를 행정적으로 '청산'하는 일에 반대했다. 하버마스는 공적 의사소통과 논증대화의 비공식적 망을 뜻하는 시민사회가 재구축하기보다 파괴하기가 훨씬 쉬운, 취약하고도 가치 있는 정치적 자원이라고 경고했다. 하버마스가 논한 바에 의하면 통일은 그저 행정적·경제적 사실일 뿐만 아니라 하나의 정치적 과제이기도 했다. 따라서 동독인의 자기 이해와 일정 부분 공명할 수 있는 정치문화가 자라날 수 있도록 해야 했다.

마지막으로 하버마스는 여당인 기민당 정부가 범독일의 민족주의적 감정을 고무함으로써 자신들이 실행하는 정책을 정당화하려는 유혹에 빠졌다고 의심했다. 기민당 정부도 처음에는 경제적 민족주의에 호소하는 걸로 만족했다. 한편으로 기민당 정부는 연방공화국 시민에게 그간의 성과를 상기해주고, 서독인은 증세로 통일비용을 부담할 필요가 없다는 공수표를 날렸다. 그러면서 다른 한편으로 동독 시민에게는 서독에 버금가는 경제적 번영의 전망을 제시했다. 하버마스는 동독의 경제적 재건이 느리고, 고통스러우며, 비용이 많이 들고, 경제 성장의 과실만으로는 그 비용을 충당할 수 없다는 사실을 양 독일 시민들이 결국 깨닫기 시작한 순간 배신감을 느낄 것이라고 생각했다. '성난 독일 마르크 시민의 통일 국가?a unified nation of angry DM-Burghers?'라는 슬로건이 이 사실을 압축적으로 보여준다. 이 문제를 빠져나오는 쉬운 해법은 독일 민족주의를 불붙이는 길이었다. 이에 잇따르는 위험을 감수하면서 말이다. 처음 통일의 도취감을 만끽한 직후, 동독의 로스토크와 호이어스베르다

지역에서 외국인 노동자를 대상으로 한 인종차별주의적 폭력 사태가 일어났으며, 이는 민족주의에 수반하는 위험을 너무나도 선명하게 보여준다.

하버마스는 힘들게 성취했으나 여전히 취약한 서독의 정치문화를 위험에 빠뜨리지 말라고 보수 진영에 경고했다. 여기서 서독의 정치문화란 비민족주의적 자기이해, 탈민족적 집단 정체성, 그리고 헌법적 애국주의를 뜻한다. 하버마스는 무미건조하게 경제적 민족주의에 호소하는 대신 '지배되지 않는 공론장의 틀 내에서 시민들이 직접투표로 자신의 미래를 결정하기 위해 자유롭게 행사하는 권리에 우선성을 부여하는 재통일' 과정을 요청한다(YAGI, 96). 독일 기본법 제146조에 근거한 점진적 과정을 거치면, 구동독 주 시민과 서독 주 시민 사이에 상호 연대 관계가 자라날 수 있도록 요구되는 도덕적·윤리적·정치적 논증대화를 할 시간과 공간을 마련할 수 있었을지도 모른다. 결국 이 과정을 거친 독일 시민들은 개인의 자기이익보다는 넓은 관점에서 그 문제를 평가할 수 있었을 것이다.

유럽 통합

하버마스가 유럽 통합 문제를 바라보는 입장은 민족이 낡은 개념이 되었다는 견해 및 민족주의를 향한 정치적·도덕적 반감과 맥을 같이 한다. 하버마스는 유럽 국가의 정치적·경제적 통합을 옹호하는 다양한 고려 사항을 제시한다.

독일과 유럽 문제

첫째, 광의의 역사적·도덕적 이유가 있다. 이는 '재앙에서 배우기'라는 하버마스적 주제에 속한다. 유럽이 정치적·경제적으로 서로 경쟁하는 주권적 민족국가로 이루어질 때의 위험을 인식하려면 최근 20세기 역사, 즉 두 차례의 세계대전이 초래한 재앙을 돌아보기만 해도 된다. 하버마스는 유럽인이 '민족주의적이고 배제적인 메커니즘이 먹잇감을 주는 사고방식을 필히 버려야 한다'고 논한다(TIO, 152). 정치적 통합은 탈민족적 사회통합이 '공유된 정치문화에 뿌리내린 전 유럽적인 정치적 공론장의 의사소통적 망'을 토대로 진전될 수 있는 틀을 제공할 것이다.

내 제안은 이 기획조차 아우슈비츠와 같은 사건의 재발을 방지하라는 아도르노의 새로운 정언명령에 응답하는 대단히 구체적인 정치적 방법으로 이해할 수 있다는 것이다. 최근 과거사의 특수성을 감안하면 유럽 통합은 독일에 특히 중요하다. 하버마스는 자신이 추잡하고 위험하다고 여기는 일부 보수 진영의 제안에 반대의 목소리를 높였다. 이들의 제안은 독일이 유럽 통합에 경도되기를 중단하고, 독일 마르크화를 유지하며, 이제 막 소련 공산주의에서 해방된 중유럽 국가와 정치적·경제적 관계를 수립하자는 것이었다.

유럽 통합을 옹호하는 또 다른 일련의 논거는 세계화된 경제가 개별 민족국가에 미치는 영향과 관련 있다. 일반적으로 기술적 진보를 성취한 선진 산업국가는 경제 성장이 실업률, 빈곤, 소득 격차의 증가 등 특정한 사회적 비용과 정치적 비용을 초래한다는 사실을 안다. 이 영향을 억누르지 않고 내버려두면 사회분열과 내부의 정치적 불안정을 낳는 잠정적 원인으로 발전할 수 있다. 그러나 복지국가는 복지제도, 노동 시장 규제, 재분배 정책 등의 수단을 동원해 이런 악영향을 어느 정도 억누를 수 있었다.

경제 시장과 자본 시장의 세계화로 경제 성장과 사회복지의 깨지기 쉬운 균형이 변화했다. 세계화는 개별 민족국가 정부의 손발을 묶어버린다. 대기업은 시장 규제가 없고 노동력이 값싼 국가로 이전함으로써 고용 규제를 쉽게 피해갈 수 있다. 정치 지향에 관계없이 정부는 '자본 도피'의 위험 때문에 저세율을 유지할 수밖에 없다. 특히 법인세와 사업소득세를 낮추는 것이다. 세입 증가는 정부에게 하나의 문젯거리가 되었다. 효율적인 저축으로 확보할 수 있는 자금에는 한계가 있다. 요컨대 개별 국가의 정부가 자본주의적 경제 성장의 바람직하지 않은 사회적·정치적 부작용을 억누르는 정책에 예산을 대고 정책을 실행하기가 까다로워졌다.

하버마스가 보기에 이 문제의 가능한 대응 방식은 두 가지다. 신자유주의적 대안은 간단하게도 국제 경제의 압력에 적응하는 것이다. 비용 절감, 노동 시장 '유연화', 즉 규제 철폐, 실업 위험 및 건강 악화에 보험을 드는 개인의 책임 부과 등의 방법으로 말이다. 쓰라린 사실은 규제 철폐 경쟁의 경제적 승자가 사회적·정치적 패자가 될 것이라는 사실이다.

다른 대안은 경제의 고삐를 조이기 위해 정치 역시 세계화하는 것이다. 구체적 측면에서 보면 권위, 권한, 그리고 결정을 이행하는 수단을 보유한 초국가적 정치기구를 창설한다는 뜻이다. 이는 가망 없는 유토피아적 구상으로 보인다. 이에 하버마스는 정치적 독립체로서의 민족국가가 낡은 것이 된다는 사실을 일단 받아들이면 실행 가능한 대안은 단 하나며, 민족국가를 넘어선 정치의 확장은 이미 진행 중인 일이라고 응답한다. 이와 관련하여 EU는 이런 확장이 얼마나 이루어질 수 있는지를 보여주는 야심만만한 사례다.

물론 EU는 복지국가의 부작용 억제 기능에 버금가는 기능적 대안을 찾을 수 있는 경우에만 국제 경제의 압력을 효과적으로 상쇄할 수 있을 것이다. EU는 보조금 및 그 외 온건한 재분배 정책을 실시하여 회원국 간의 국지적 경쟁이 유발하는 악영향을 제거할 수 있었다. 나아가 유럽사법재판소는 사회 정의의 문제와 직접적 관련이 있으면서 내부의 공동 시장에 간접적 영향을 미치는 수백 개의 결정을 내린 바 있다. 물론 영국의 신자유주의적 비판자와 토리당을 지지하는 비판자는 실망했을 것이다. 하버마스는 유럽의 정치적·경제적 통합 기획을 괴롭히는 난점을 과소평가하지 않는다. EU는 여전히 고용, 경쟁력, 경제 성장이라는 상충하는 목표들을 효율적으로 조정해야 하며, 순기여국인 부유한 회원국과 순수혜국인 가난한 회원국을 중재해야 한다. 하버마스에게는 과연 EU가 시장을 바로잡고 사회 정의의 이상에 부합하도록 만들 수 있는 정책을 구성하고 실행할 수 있는가는 확정된 문제가 아니다.

하버마스는 진실로 유럽 정치가 국제적 관점에서 보면 국가의 자기 이익 정치를 그저 확장했을 뿐이지, 전환하지는 않았음을 시인한다. 민족국가 간의 국지적 경쟁과 그에 수반하는 문제는 초국가적 수준에서도 재발한다. 유럽은 미국, 환태평양 지역, 신흥 경제권인 중국 및 인도와 경쟁한다. 따라서 국제적인 정치사회적 문제에 오래 지속되는 포괄적 해법을 내놓을 수 없으리라고 의심할 만하다. 하버마스는 자신이 제시한 논증의 논리를 파악하고 있다. 국제적 문제에 오래 지속되는 효과적인 정치적 해법을 제시하고자 한다면, 궁극적으로는 세계시민주의적 세계 정치의 수준에서 그 해법을 탐색해야만 한다. 초국가적 정치기구가 국제시장의 고삐를 쥐려 한다면 적절하게 포용적이어야 한다. 궁극적인 목적은 단일한 세계 내부 시장a world internal market과 이를 규제할 권위와 권한을 보유한 정치적 독립체를 창설하기, 그리고 해법을 제시하는 권한에 그치지 않고 해법을 실행하는 권한도 보유한 정치적 성격의 국제연합을 창립하기다.

정당성 결핍

문제는 유럽의 정치기구가 이른바 '민주적 결핍'에 시달리고 있다는 사실이다. 유럽 회의주의자는 정치기구가 대표할 유럽'인'이 존재하지 않는다는 이유로 정치적 통합이 성공할 수 없다고 논한다. 민주주의가 의존하는 시민들 간의 연대성 관계를 형성할 만한 실질적인 것이 아무것도 없다. 공유된 역사도, 공통의 언어도, 공통의 전통도, 공통의 민족 집단ethnicity도 없다.

하버마스는 유럽'인'이 존재하지 않는다는 점은 수긍하지만, 공통의 역사와 혈통을 공유하는 유럽인 또는 유럽 민족의 존재가 사회통합의 필수 토대라는 점은 부정한다. 하버마스는 공통의 민족의식에 기초하는 두터운 시민성 개념이 한 민족의 경계를 넘어 확장될 수 없다는 점은 옳다고 논한다. 그런 시민성 개념은 그 정도로 넓어질 수 있는 개념이 아니다. 위에서 논한 이유로 낡은 민족관은 근대 다문화 사회에 더는 적합하지 않다. 유럽 회의주의자는 유럽 통합 기획을 일축하며 자신의 자그마한 오두막에 피신하기를 선호하겠지만, 이내 그 오두막의 지반은 썩었고 천장은 무너져 있음을 깨달을 것이다. 근대 다문화 사회는 단일한 국민이나 단일한 민중의 공동체가 아니다. 오히려 법적 자격이 있는 시민의 공동체다. 이처럼 이방인들의 추상적이고 법적으로 매개된 관계로 이해된 엷은 민주적 시민성관은 외국 거주자도 포함할 정도로 확장될 수 있다. 하버마스는 EU에 민주적 결핍이 있다는 점을 부인하려 하지 않는다.

> 이를테면 브뤼셀 관료제처럼 새로운 조직이 그 정치적 토대
> 와 크게 동떨어진 채 출현하면서, 한편으로 자기 프로그래밍
> 하는 행정부 및 조직적 망과 다른 한편으로 민주적 과정이
> 점차 성장한다(TIO, 151).

하지만 하버마스는 원칙적으로 이 간극을 메우지 않을 이유가 없다고 논한다. 근대 민주주의 사회는 비공식적인 공적 의사소통 영역과 제도적인 논증대화 및 의사결정의 장으로 통합된다.

한 가지 긴요하지만 해결하지 못할 것도 없는 문제는, 어떻게 전 유럽적 논증대화 및 의사소통 망의 발전을, 그리고 유럽 시민사회와 유럽 정치문화의 발전을 촉진할 것인가다. 하버마스는 다음과 같이 논한다.

> 전 유럽적인 통합된 공론장이 공통의 정치문화 영역 내에서 발달하지 않으면, 유럽 민주주의의 자격을 얻을 만한 유럽 연방은 있을 수 없다. 말하자면 이익단체, 비정부기구, 시민운동 등을 망라하는 시민사회, 그리고 당연히도 유럽적 장에 적합한 정당 제도를 갖춘 공론장이 필요하다(TIO, 160).

교육 교류 프로그램, 경제 협력 확대, 회원국 간 쉬운 여행, 유럽 정당 제도의 발전은 모두 이 목적에 기여한다.

또 다른 실천적·제도적 과제는 유럽의 의회와 관료제를 이 발달하는 정치문화에 연결할 방법을 고찰하는 것이다. 어렵긴 하나 불가능한 일은 아니다. 그러나 증거를 노골적으로 무시하면서 민족국가의 정치 효능감을 향한 믿음을 붙잡고 있어도 소용없다. 그리고 국제 경제 시장에 무제한적 자유를 허용하는 것도 사회적·정치적 부조리를 저지르는 일이다. 하버마스에 따르면 유럽 통합이 탈민족적 정치의 궁극적인 종착점은 아니더라도 최소한 전조가 좋은 출발점은 된다. EU는 탈민족적 민주 정치에서 현재 진행 중인 실험이다. 미헬 할러Michael Haller와 '유럽의 두 번째 기회'라는 제목으로 나눈 대담에서 하버마스는 우아하게 말한다.

제가 고수해온 유토피아의 아주 작은 유산이 있다면, 바로 민주주의와 그 최상의 형태를 향한 공적 투쟁은, 그것이 없다면 해결할 수 없을 고르디우스의 매듭을 풀어헤칠 능력이 있다는 발상임이 분명합니다. 우리가 이 과제 수행에 곧 성공한다는 말은 아닙니다. 우리는 심지어 성공 가능성이 있는지조차 모릅니다. 그러나 모르기 때문에 우리는 여전히 시도해야만 합니다(TPF, 97).

우리는 EU가 탈민족적 과제에 부분적인 해법을 제공하는 과제에 성공할지의 여부, 아니면 도래할 세계시민주의적 세계 질서를 지탱하는 발판으로 거듭날지의 여부조차 알 수 없지만, 그렇다고 EU의 실패가 기정사실인지도 알 수 없는 노릇이다. 하버마스는 EU라는 실험을 반드시 이어가야 한다고 주장한다. 무엇보다도 우리는 다른 길, 즉 자신이 살아갈 사회세계를 조형하는 자유롭고 평등한 시민의 공동 노력으로 이해되는 민주 정치의 발상에 작별을 고하는 길이 더 나쁘다는 사실만큼은 뼈저리게 알고 있기 때문이다.

하버마스의 다섯 가지 연구 프로그램 요약

1. 화용론적 의미 이론 프로그램

기본 물음: 우리는 어떻게 발화의 의미를 이해하는가? 무엇이 대화의 화용론적 기능인가? 대화는 어떻게 사회적 행위자의 행위를 조정하는가? 의미와 타당성의 관계는 무엇인가? 타당성 주장은 어떤 종류가 있는가?

기본 대답: 의미는 수행적 의미(화용론적 의미)와 명제적 의미 두 가지가 있다. 대화의 화용론적 기능은 이성적 합의를 도출하는 것이다. 대화는 타당성 주장을 통해 행위를 조정한다. 발화의 타당성은 발화의 의미를 어떻게 이해하는가를 결정한다. 진리 주장, 정당성 주장, 진실성 주장의 세 가지 종류의 타당성 주장이 있다.

2. 의사소통적 합리성 이론

기본 물음: 무엇이 근본적인 행위 유형인가? 각 행위 유형의 차이는 무엇인가? 어떤 행위 유형이 우선하거나 더 근본적인가? 무엇 때문에 그런가?

기본 대답: 행위 유형은 두 가지가 있다. 의사소통적 행위, 그리고 도구적·전략적 행위가 있다. 의사소통적 행위의 목적은 이해와 합

의를 확보하는 것이지만, 도구적·전략적 행위의 목적은 실용적 성공이다. 의사소통적 행위는 자립적이므로 더 근본적이다. 반면 도구적·전략적 행위는 자립적이지 않다.

3. 사회이론 프로그램

(1) 사회학적 기획

기본 물음: 어떻게 사회질서가 가능한가? 무엇이 근대 사회를 끈끈히 묶어주는가? 어떻게 수많은 사회적 행위자의 행위를 조정하는가?

기본 대답: 사회질서는 의미와 타당성에, 그리고 의사소통·논증대화로 유지되는 생활세계의 통합성에 의존한다. 사회질서는 일정 부분 시장·행정 같은 체계 내에서 이루어지는 도구적·전략적 행위의 통합력에도 의존한다. 공유된 의미·이해·이유는 조직화된 도구적 합리성 체계와 더불어 사회를 묶어준다.

(2) 사회 존재론

기본 물음: 근대 사회의 특징은 무엇인가? 근대 사회는 어떤 구조인가?

기본 대답: 근대 사회는 생활세계와 체계라는 두 종류의 사회 영역으로 구성된다. 생활세계는 의사소통·논증대화의 주 활동 공간이다. 체계는 도구적 행위와 전략적 행위의 주 활동 공간이다.

(3) 비판적 사회이론

기본 물음: 근대의 사회적 삶에서 발생하는 병리 현상의 근본 원인은 무엇인가? 왜 사람들은 자신의 이익에 부합하지 않는 사회 체제도 대체로 수용하고 유지하는가? 무엇이 현재 생활세계의 존속을 가장 절박하게 위협하는가? 그 위협에 대응하여 무엇을 할 수 있는가?

기본 대답: 시장·경제 체계는 확장되어 의사소통·논증대화의 거처이자 체계 자체가 의존하는 생활세계를 식민지화한다. 사람들은 도구적·전략적 행위 패턴을 취할 수밖에 없으며 자신의 궁극 목적과 유리되기에 이른다. 결국 의미 상실과 아노미를 경험한다. 이에 대응하여 생활세계를 온전히 보호할 필요가 있고, 체계가 비체계 영역으로 침입해서 나타나는 악영향을 완화해야 한다.

4. 논증대화윤리 프로그램

(1) 도덕에 관한 논증대화이론

기본 물음: 어떻게 도덕적 질서는 가능한가? 무엇이 행위를 도덕적으로 옳거나 그르게 하는가? 어떻게 우리는 옳고 그름을 파악하고 학습하는가?

기본 대답: 도덕적 질서는 타당하다고 입증된 규범이 있다는 사실, 그리고 대다수 행위자는 그 규범을 준수하는 성향이 있다는 사실에 의존한다. 행위를 옳거나 그르게 하는 것은 타당한 도덕규범이 그 행위를 허용하거나 금지한다는 사실이다. 규범을 타당하게 하는 것은 보편적 이익을 구현한다는 사실이 입증됐다는 점이다. 우리는 후

보 규범이 도덕적 논증대화에서 이성적 합의를 이끌어낼 수 있는지를 검사하는 방법으로 그 규범이 보편적 이익을 구현하는지를 알게 된다.

(2) 윤리에 관한 논증대화이론

기본 물음: 도덕적 문제와 대비되는 윤리적 문제의 특징은 무엇인가? 윤리적 문제의 사회적 의미와 정치적 의미는 무엇인가?

기본 대답: 윤리적 논증대화는 개인의 행복과 공동체의 선의 문제를 다룬다. 윤리적 논증대화는 전통을 비판적으로 평가하고 가치를 해석하는 과정을 포함한다.

5. 정치이론 프로그램

(1) 정치에 관한 논증대화이론

기본 물음: 어떻게 질서정연한 정치구조가 가능한가? 법·정책·정치적 결정을 정당하게 만드는 것은 무엇인가?

기본 대답: 질서정연한 정치구조는 사적 자율성과 공적 자율성의 올바른 균형이 이루어진 정치구조이자, 시민사회의 비공식적 공론장에 민감한 제도의 합리적 결정으로 정치질서의 상당 부분이 안정화되는 정치구조다. 법은 오직 시민사회에서 논증대화적으로 창출된 의견, 가치, 규범에 부합하는 경우에만 정당하다.

(2) 법에 관한 논증대화이론

기본 물음: 무엇이 타당한 법인가? 타당한 법규범의 역할은 무엇

인가?

기본 대답: 타당한 법은 강제력 있고 정당한 실정법이다. 정당한 법은 도덕적·윤리적·실용적 고려 사항에 부합하고 법 공동체의 선에 봉사해야 한다. 타당한 법규범은 정치권력에 권한을 부여하고 정치권력을 실행한다. 타당한 법규범은 도덕규범을 뒷받침하고, 개인의 행위를 조화롭게 만들며, 사회질서를 확립한다.

더 읽을거리

여기에 기재한 모든 글과 저술은 영어로 쓰였으며, 꺾쇠 안의 숫자는 독일어 원전의 출판연도를 가리킨다.[*]

하버마스의 초기저술 목록

Structural Transformation of the Public Sphere: An Inquiry into a Category of Bourgeois Society, tr. T. Burger & F. Lawrence, Cambridge, Mass.: MIT Press, 1989[1962](『공론장의 구조변동』, 한승완 옮김, 나남, 2001).

Theory and Practice, tr. John Viertel, Cambridge: Polity Press, 1988[1963](『하버마스의 이론과 실천』, 홍윤기 & 이정원 옮김, 종로서적, 1982).
사회이론에 관한 비판적 주제와 역사적 성격의 논문을 축약하여 실은 선집. 「노동과 상호작용」이라는 중요한 논문이 들어 있는데, 이 논문은 하버마스의 헤겔 이해와 마르크스 및 마르크스주의에 대한

---

[*] 괄호 안의 서지정보는 국내에 번역된 한국어 문헌을 가리킨다.

비판을 이해하는 열쇠다.

On the Logic of the Social Sciences, tr. Shierry Weber Nicholsen & Jerry A. Stark, Cambridge, Mass.: MIT Press, 1988[1967](『사회과학의 논리』, 박성수 옮김, 문예출판사, 1986).

Knowledge and Human Interests, tr. Jeremy J. Shapiro, Boston: Beacon Press, 1971[1968](『인식과 관심』, 강영계 옮김, 고려원, 1983).
이 책은 비판적 사회이론에서 반성의 역할을 탐구한다. 하버마스가 칸트와 피히테의 관념론 철학에 제기한 비판, 실용주의 및 해석학적 철학에 개입하는 작업, 프로이트를 전용轉用하는 흥미로운 논의를 담고 있다.

Towards a Rational Society, tr. Jeremy J. Shapiro, Boston: Beacon Press, 1987[1969](『이성적인 사회를 향하여』, 장일조 옮김, 종로서적, 1980).
학생 저항 운동을 주제로 하는 세 편의 논문과 기술과 과학의 역할을 논한 세 편의 논문이 실렸다.

Legitimation Crisis, tr. Thomas McCarthy, London: Heinemann, 1976[1973](『후기 자본주의 정당성 연구』, 문학과 사회연구소 옮김, 청하, 1983).
자본주의 사회에서의 위기와 정당성을 주제로 한 흥미로운 초기 연구. 여기서 하버마스는 생활세계와 체계의 구별을 도입하기 시작한다.

Communication and the Evolution of Society, tr. Thomas McCarthy, London: Heinemann Educational Books, 1979[1976] (『커뮤니케이션과 사회진화』, 심연수 옮김, 청하, 1987).
하버마스의 역사 유물론 재구성에서 중요한 연구다. 여기서 하버마스는 개인의 도덕발달과 사회구조의 역할을 고찰한다.

하버마스의 원숙한 이론적 저술 목록

화용론적 의미 이론과 의사소통적 합리성 이론
The Theory of Communicative Action, tr. Thomas McCarthy, vol. 1, Cambridge: Polity Press, 1984[1981](『의사소통행위이론 1』, 장춘익 옮김, 나남, 2006).
제3부 "중간고찰"에서 화용론적 의미 이론과 의사소통적 합리성 이론을 전개한다. 제4부에서는 베버, 루카치, 아도르노를 비판한다.

Post-Metaphysical Thinking: Philosophical Essays, tr. William Mark Hohengarten, Cambridge: Polity Press, 1992[1988](『탈형이상학적 사유』, 이진우 옮김, 문예출판사, 2000).
하버마스의 철학관을 주제로 잡은 논문 선집이다. 일부는 프로그램 1, 2, 4와 관련 있다.

On the Pragmatics of Social Interaction: Preliminary Studies in the Theory of Communicative Action, tr. Barbara Fultner, Oxford: Blackwell, 2003[1984].

On the Pragmatics of Communication, ed. Maeve Cooke,

Cambridge, Mass.: MIT Press, 2000.

두 선집은 주로 프로그램 1, 2와 관련하여 쓴 논문을 모았다.

Truth and Justification: Philosophical Essays, tr. Barbara Fultner, Cambridge: Polity Press, 2003[1999](『진리와 정당화』, 윤형식 옮김, 나남, 2008).

하버마스가 진리 문제와 화용론적 의미 이론을 주제로 쓴 최신 연구를 담은 선집. 제3부에서는 하버마스의 진리이론에 놀라운 교정을 가하는데, 이는 논증대화윤리에 중요한 영향을 미친다.

사회이론

The Theory of Communicative Action, vol. 2, tr. Thomas McCarthy, Cambridge: Polity Press, 1987[1981](『의사소통행위이론 2』, 장춘익 옮김, 나남, 2006), 제6부 "중간고찰"과 제8부.

하버마스 사회이론의 알짜배기를 확인할 수 있다.

논증대화윤리

Moral Consciousness and Communicative Action, tr. Christian Lenhardt & Shierry Weber Nicholsen, Cambridge: Polity Press, 1990[1983](『도덕의식과 소통적 행위』, 황태연 옮김, 나남, 1997).

논증대화윤리 프로그램의 중요한 논문 선집이다. 다음 선집과 함께 읽어야 한다. *Justification and Application*, tr. C. Cronin, Cambridge: Polity Press, 1993[1991](『담론윤리의 해명』, 이진우 옮김, 문예출판사, 1997)은 하버마스가 자신에게 제기된 비판에 응답하고 도덕과 윤리의 구별을 발전시키는 중요한 논문 선집이다.

정치이론과 법이론

"Law and Morality", tr. Kenneth Baynes, in *The Tanner Lectures on Human Values*, vol. 8, ed. Sterling M. McMurrin, Salt Lake City: University of Utah Press, 1988, 217-279.

테너 강연은 하버마스 정치이론 및 법이론의 주저인 『사실성과 타당성』 출간 4년 전에 열렸다. 『사실성과 타당성』의 영어판은 *Between Facts and Norms*, tr. William Rehg, Cambridge: Polity Press in association with Blackwell, 1996(『사실성과 타당성』, 한상도·박영도 옮김, 나남, 2007)이며, 그보다 앞서 쓴 두 편의 중요한 논문도 실렸다. 주로 제3, 4, 7, 8장에서 프로그램 5가 전개된다.

The Inclusion of the Other, tr. C. Cronin & P. De Greiff, Cambridge: Polity Press, 1998[1996](『이질성의 포용』, 황태연 옮김, 나남, 2000). 하버마스의 도덕이론 및 정치이론 논문 선집으로, 롤스 비판과 민족국가에 관한 세 개의 연구를 포함한다.

근대성 이론

The Philosophical Discourse of Modernity: Twelve Lectures, tr. F. Lawrence, Cambridge: Polity Press, 1987[1985](『현대성의 철학적 담론』, 이진우 옮김, 문예출판사, 1994).

여기서 하버마스는 프랑스 후기구조주의 사상과 격론을 벌이고 아도르노와 호르크하이머를 비판한다. 이와 함께 하버마스가 1980년에 쓴 글 "Modernity: An Unfinished Project", tr. Nicholas Walker를 보라. 이 글은 *Habermas and the Unfinished Project of Modernity: Critical Essays on the Philosophical Discourse of Modernity*, ed.

Selya Benhabib & Maurizio Passerin d'Entrèves, Cambridge, Mass.: MIT Press, 1997에 재수록되었다.

기타 저술

The Future of Human Nature, Cambridge: Polity Press, 2003 [2001] (『인간이라는 자연의 미래』, 장은주 옮김, 나남, 2003).
생명윤리와 유전자 기술의 도덕적, 윤리적, 정치적 함의를 주제로 한 하버마스의 논문 모음.

하버마스의 간헐적 정치 기고 및 인터뷰

The New Conservatism: Cultural Criticism and the Historian's Debate, ed. and tr. Shierry Weber Nicholsen, Cambridge, Mass.: MIT Press, 1989.

"What does Socialism Mean Today?", *New Left Review*, 183: 3-21.

"Yet Again German National Identity - A Nation of Angry DM-Burghers?", in *When the Wall Came Down: Reactions to German Unification*, ed. Harold James & Maria Stone, New York: Routledge, 1992.

Autonomy and Solidarity: Interviews with Jürgen Habermas, ed. P. Dews, revised and enlarged edn., London: Verso, 1992.

The Past as Future: Jürgen Habermas Interviewed by Michael

Haller, tr. Max Pensky, Cambridge: Polity Press, 1994.

A Berlin Republic: Writings on Germany, tr. S. Rendall, Lincoln: University of Nebraska Press, 1997.

The Postnational Constellation, ed. and tr. Max Pensky, Cambridge: Polity Press, 2003.

Time of Transitions, tr. Max Pensky, Cambridge: Polity Press, 2005.

최신 연구서 목록

화용론적 의미 이론 및 의사소통적 합리성 이론
Maeve Cooke, *Language and Reason*, Cambridge, Mass.: MIT Press, 1994.
하버마스의 화용론적 의미 이론과 의사소통적 합리성 이론에 관하여 영어로 쓴 최초의 전면적 연구서.

사회이론
Joseph Heath, *Communicative Action and Rational Choice*, Cambridge, Mass.: MIT Press, 2001.
하버마스의 사회이론과 그 철학적 토대에 관하여 다소 어렵지만 상세하고 인상적인 분석을 수행한다. 하버마스 철학을 분석적 언어철학 및 합리적 선택이론과 접목하며 프로그램 1, 2, 4를 다룬다.

논증대화윤리

William Rehg, *Insight and Solidarity: The Discourse Ethics of Jürgen Habermas*, Berkeley: University of California Press, 1994.
하버마스의 논증대화윤리 프로그램에 관한 포괄적인 비판적 해명과 방어를 꾀한다.

Logi Gunnarsson, *Making Moral Sense: Beyond Habermas and Gauthier*, Cambridge: Cambridge University Press, 2000.
하버마스 및 고티에의 합리주의적 도덕이론 정당화를 존 맥도웰의 실체론적 접근과 비판적으로 비교한다.

Shane O'Neill, *Impartiality in Context: Grounding Justice in a Pluralist World*, Albany: SUNY Press, 1997.
북아일랜드의 종파 갈등을 배경으로 하버마스의 논증대화윤리를 흥미롭게 논한다.

정치이론과 법이론

Kenneth Baynes, *The Normative Grounds of Social Criticism: Kant, Rawls and Habermas*, Albany: SUNY Press, 1992.
롤스와 비교하면서 하버마스 정치사상을 연구하는 흥미로운 저서이다. 이와 함께 Simone Chambers, *Reasonable Democracy: Jürgen Habermas and the Politics of Discourse*, Ithaca: Cornell Univerisity Press, 1996을 보라.

근대성 이론

David S. Owen, *Between Reason and History: Habermas and the Idea of Progress*, Albany: SUNY Press, 2002.

기타 저술

Jan Werner Müller, *Another Country: German Intellectuals, Unification and National Identity*, New Haven, Yale University Press, 2000.
독일 통일에 관한 하버마스의 입장을 비판적으로 분석한다.

Martin Beck Matustík, *Jürgen Habermas: A Philosophical-Political Profile*, Lanham: Rowman and Littlefield, 2001.
1960년대 학생운동과 하버마스가 맺은 복합적이고 껄끄러운 관계에 주목하는 독특한 전기.

William Outhwaite, *Habermas: A Critical Introduction*, Oxford: Blackwell, 1994.

Andrew Edgar, *The Philosophy of Habermas*, Teddington: Acumen, 2004.

하버마스의 이론적 연구를 다루는 논문 선집

Habermas: Critical Debates, ed. J. B. Thompson & D. Held, London: Macmillan, 1982.
최근에 나온 것은 아니지만 여전히 유용한 선집이다. 하버마스가 비

판자들에게 내놓은 응답을 실었다. 프로그램 1, 2, 3을 다룬다.

Communicative Action: Essays on Jürgen Habermas's 'The Theory of Communicative Action', ed. Axel Honneth & Hans Joas, tr. Jeremy Gains & Doris L. Jones, Cambridge: Polity Press, 1991. 『의사소통행위이론』에 대한 비판적 반응을 실었다. 프로그램 1, 2, 3을 다룬다.

The Communicative Ethics Controversy, ed. Seyla Benhabib & F. Dallmayr, Cambridge, Mass.: MIT Press, 1990. 논증대화윤리를 주제로 하는 유용한 자료집. 프로그램 4를 다룬다.

Thomas McCarthy, *Ideals and Illusions: On Reconstruction and Deconstruction in Contemporary Critical Theory*, Cambridge, Mass.: MIT Press, 1991. 하버마스의 가장 오랜 비판자이자 지적 동조자가 쓴 논문 선집. 프로그램 3, 4, 5를 다룬다.

Philosophical Interventions in the Unfinished Project of Enlightenment, ed. Axel Honneth et al., tr. William Rehg, Cambridge, Mass.: MIT Press, 1992 및 *Cultural-Political Interventions in the Unfinished Project of Enlightenment*, ed. Axel Honneth et al., tr. Barbara Fultner, Cambridge, Mass.: MIT Press, 1992. 이 한 쌍의 저서에 하버마스 철학의 모든 측면에 대한 비판적 반응을 담았다. 필자 목록이 사실상 사회이론 연구자들의 인명사전이라고 할 수 있을 정도다. 프로그램 2, 3, 4, 5를 탐구한다.

Habermas and the Unfinished Project of Modernity: Critical Essays on the Philosophical Discourse of Modernity, ed. Selya Benhabib & Maurizio Passerin d'Entrèves, Cambridge, Mass.: MIT Press, 1997.

Habermas and the Public Sphere, ed. C. Calhoun, Cambridge, Mass.: MIT Press, 1992.
『공론장의 구조변동』 영어판이 나온 후 표출된 비판적 반응을 모았다. 많은 논문이 하버마스의 원숙한 사회이론과 논증대화윤리 프로그램에 비추어 초기 저술을 검토한다. 따라서 프로그램 3, 4, 5와 관련 있다.

Feminists Read Habermas: Gendering the Subject of Discourse, ed. Johanna Meehan, London: Routledge, 1995.
하버마스 철학에 페미니스트 진영이 내놓은 반응이다.

The Cambridge Companion to Habermas, ed. S. K. White, Cambridge: Cambridge University Press, 1995.
비할 데 없는 논문 선집. 하버마스의 정치사상 및 정치이론과 민주주의 이론 각각을 주제로 하여 막스 펜스키, 케네스 베인스, 사이먼 챔버스의 유이한 견해(제4, 7, 8장)를 실었다. 프로그램 3, 4, 5에 초점을 맞춘다.

Habermas: A Critical Reader, ed. P. Dews, Oxford: Blackwell, 1999.
하버마스의 이론을 하버마스가 연구하는 다양한 철학 전통의 맥락에서 탐구하는 논문 선집.

Perspectives on Habermas, ed. Lewis Edwin Hahn, Illinois, Open Court, 2000.
프로그램 3, 4, 5를 다루는 비판적, 비교적 성격의 방대한 논문 선집.

Habermas, Modernity and Law, ed. Mathieu Deflem, London: Sage, 1996.
프로그램 5를 탐구한다.

Habermas on Law and Democracy: Critical Exchanges, ed. M. Rosenfeld & A. Arato, Berkeley: University of California Press, 1998.
『사실성과 타당성』에 관한 비판적 반응을 모은 방대한 선집. 프로그램 5를 다룬다.

Discourse and Democracy: Essays on Habermas's Between Facts and Norms, ed. René von Schomberg & Kenneth Baynes, Albany: SUNY Press, 2002.
프로그램 5를 다룬다.

Habermas and Pragmatism, ed. M. Aboulafia & M. Bookman & C. Kemp, London: Routledge, 2002.

하버마스의 연구가 지닌 실용주의적 측면과 하버마스와 미국 실용주의의 독특한 관계를 탐구하는 논문 선집. 프로그램 1, 3, 5와 관련 있는 자료를 실었다.

하버마스와 프랑크푸르트학파를 주제로 쓴 저자의 연구 목록

"Habermas's Discourse Ethics and Hegel's Critique of Kant's Moral Theory", in *Habermas: A Critical Reader*, ed. P. Dews, Oxford: Blackwell, 1999, 29-52.

"What are Universalizable Interests?", *Journal of Political Philosophy*, 8: 4(2000), 446-472.

"Modernity and Morality in Habermas's Discourse Ethics", *Inquiry*, 3(2000): 319-340.

"Adorno on the Ethical and the Ineffable", *European Journal of Philosophy*, 10, 1(2002): 1-25.

Review of Logi Gunnarsson, "Making Moral Sense: Beyond Habermas and Gauthier", *Ethics*, 112, 4(2002): 828-831.

"Theory of Ideology and the Ideology of Theory: Habermas contra Adorno", *Historical Materialism*, 11, 2(2003): 165-187.

"Habermas's Moral Cognitivism and the Frege-Geach Challenge", *European Journal of Philosophy*, 13, 3(2005), 319-344.

하버마스 입문

초판 1쇄 발행 | 2022년 8월 31일

지 은 이 | 제임스 고든 핀레이슨
옮 긴 이 | 서요련
펴 낸 이 | 이은성
편   집 | 홍순용
디 자 인 | 백지선
펴 낸 곳 | 필로소픽

주 소 | 서울시 종로구 창덕궁길 29-38, 4-5층
전 화 | (02) 883-9774
팩 스 | (02) 883-3496
이 메 일 | philosophik@hanmail.net
등록번호 | 제2021-000133호

ISBN 979-11-5783-266-8 93160

필로소픽은 푸른커뮤니케이션의 출판 브랜드입니다.